AF577981

Das Wissen des Herzens

Brigitte Dorst

Das Wissen des Herzens

Analytische Psychologie und Spiritualität

Patmos Verlag

Wichtiger Hinweis:
Die in diesem Buch enthaltenen Informationen, Hinweise und Übungen wurden nach bestem Wissen der Autorin erstellt und sorgfältig geprüft. Sie ersetzen jedoch nicht den persönlich eingeholten (psycho-)therapeutischen oder medizinischen Rat. Verlag und Autorin können für Irrtümer oder etwaige Schäden, die aus der Anwendung der dargestellten Informationen, Hinweise oder Übungen resultieren, keine Haftung übernehmen. Deren Nutzung bzw. Durchführung erfolgt auf eigene Verantwortung der Leserinnen und Leser.

Die Verlagsgruppe Patmos ist sich ihrer Verantwortung gegenüber unserer Umwelt bewusst. Wir folgen dem Prinzip der Nachhaltigkeit und streben den Einklang von wirtschaftlicher Entwicklung, sozialer Sicherheit und Erhaltung unserer natürlichen Lebensgrundlagen an. Näheres zur Nachhaltigkeitsstrategie der Verlagsgruppe Patmos auf unserer Website www.verlagsgruppe-patmos.de/nachhaltig-gut-leben

Bibliografische Information der Deutschen Nationalbibliothek
Die Deutsche Nationalbibliothek verzeichnet diese Publikation in der Deutschen Nationalbibliografie; detaillierte bibliografische Daten sind im Internet über http://dnb.d-nb.de abrufbar.

Verlagsgruppe Patmos in der Schwabenverlag AG, Ostfildern
www.verlagsgruppe-patmos.de

Umschlaggestaltung: Finken & Bumiller, Stuttgart
Gestaltung, Satz und Repro: Schwabenverlag AG, Ostfildern
Druck: GGP Media GmbH, Pößneck
Hergestellt in Deutschland
ISBN 978-3-8436-1419-1

Inhalt

Einleitung:
C. G. Jung und die Bedeutung von Spiritualität

Das Herz ist der Schlüssel
der Welt und des Lebens.
NOVALIS[1]

Was ist mit »Wissen des Herzens« gemeint, einem Ausdruck von C. G. Jung, der den Titel dieses Buches prägt? Was verbirgt sich hinter Jungs Satz, der vollständig lautet: »Denn Gelehrsamkeit allein genügt nicht; es gibt ein Wissen des Herzens, das tiefere Aufschlüsse gibt. Das Wissen des Herzens ist in keinem Buche und in keines Lehrers Munde zu finden, sondern es wächst aus dir wie das grüne Korn aus schwarzer Erde.«[2]

Das Herz als universales Symbol

Das Herz ist das universale Symbol für das, was den Menschen zum Menschen macht. In der Kulturgeschichte des Herzens wird die Vielfältigkeit des archetypischen Symbols Herz deutlich. Wie alle archetypischen Symbole umfasst das Herz ein nicht auszuschöpfendes Bedeutungsspektrum, bei dem Körper, Geist und Seele, Gefühl und Erkenntnis, Handeln und Weisheit, Liebesfähigkeit und Leidenschaft anklingen – und auch die negativen Seiten menschlicher Bosheit und des Bösen.

Goethe, der immer wieder in Gedichten und Schriften auf das Herz Bezug nimmt, ist sich der geheimnisvollen Kraft dieses Symbols bewusst. So heißt es in *Maximen und Reflexionen*: »Das ist eine wahre Symbolik, wo das Besondere das Allgemeine repräsentiert, […] als lebendig augenblickliche Offenbarung des Unerforschlichen.«[3]

Schon in der Kultur des Alten Ägypten werden Seele und Herz zusammengedacht. Im ägyptischen Totenkult ist das Herz das einzige Organ, das wieder in das Innere des mumifizierten Körpers zurückgelegt wird. Beim Totengericht wird es gewogen, und sein Gewicht entscheidet über den weiteren Weg ins Jenseits. Es muss leicht und frei von allem Bösen sein.

Das Herz ist auch das entscheidende Erkenntnisorgan und hat seine eigene Logik. Berühmt ist der Ausspruch des französischen Philosophen Blaise Pascal in seinen *Pensées*: »Es gibt eine Vernunft des Herzens, die der Verstand nicht kennt. Man erfährt es bei tausend Dingen.«[4] Und weiter: »Wir erkennen die Wahrheit nicht allein mit der Vernunft, sondern auch mit dem Herzen.«[5]

Es ist das unruhige Herz in uns, das uns in einer von globalen Krisen bedrohten Welt nach Sinn und Orientierung suchen lässt, das sich angesichts der Rätsel, die das Leben aufgibt, mit dem Bekannten und mit Vernunftgründen nicht zufriedengibt und uns nach Erkenntnis und Weisheit suchen lässt. Hier setzt das Hauptanliegen dieses Buches an: Es geht darum, die Analytische Psychologie C. G. Jungs als eine spirituelle Psychologie zu beschreiben, die Menschen Zugang zu den Tiefenschichten der Seele vermittelt und ihnen ermöglicht, mit dem Herzen denkend und selbsterforschend in den eigenen seelischen Tiefen nach Erkenntnis – vor allem Selbsterkenntnis – zu suchen, das Wissen des Herzens zu entdecken.

C. G. Jung und Spiritualität

In C. G. Jungs Menschenbild ist Spiritualität von zentraler Bedeutung. Der Begriff »Spiritualität« selbst findet sich bei ihm nicht, da er zu seiner Zeit nicht verwendet wurde. Jung sprach vielmehr von »Religiosität« und »religiöser Erfahrung«, die für ihn ein psychisches Phänomen ist (vgl. Kapitel 5).

Als Psychologe interessierte ihn der Mensch als *homo religiosus*. »Vocatus adque non vocatus deus aderit (Gerufen oder nicht gerufen, Gott wird da sein)« – diesen Orakelspruch aus dem Tempel von Delphi ließ Jung über die Eingangstür seines Hauses einmeißeln. Gerufen oder nicht gerufen, das Göttliche hat ihn dazu gebracht, sich lebenslang mit religiösen und spirituellen Themen auseinanderzusetzen und sie durch die Kultur- und Geistesgeschichte hindurch zu erforschen. Sein Gesamtwerk, so sagt er selbst, bezeugt dies: »Meine Werke können als Stationen meines Lebens angesehen werden, sie sind Ausdruck meiner inneren Entwicklung, denn die Beschäftigung mit den Inhalten des Unbewußten formt den Menschen und bewirkt seine Wandlung.«[6]

Jung hat sich sein Leben lang mit spirituellen, transkulturellen und transpersonalen Fragen beschäftigt. Sein Interesse galt dem Bereich spiritueller Erfahrungen jenseits von Konfessionen, Kirchen und religiösen Traditionen. Jung ist der Überzeugung: »Religionen stehen nach meiner Ansicht mitallem, was sie sind und aussagen, der menschlichen Seele so nahe, dass am allerwenigsten die Psychologie sie übersehen darf.«[7] Es geht ihm darum, eine Psychologie religiöser Erfahrung zu beschreiben. Jung setzt sich also mit »religiöser Erfahrung« auseinander, die für ihn ein psychisches Phänomen ist.

In diesem Zusammenhang spricht er von der »Transzendenz der Psyche« und meint damit spirituelle Erfahrungen der Verbundenheit mit dem Göttlichen, dem Absoluten, das Bezogensein auf etwas Umfassenderes, Größeres; es geht ihm um Erfahrungsmöglichkeiten jenseits des Alltagsbewusstseins, das Überwinden der Grenzen eines Diesseits und Jenseits. Jung ist der Überzeugung: »Daß die Welt innen und außen auf transzendentalen Hintergründen ruht, ist so sicher wie unser eigenes Vorhandensein.«[8] Seine Haltung kommt auch in folgenden Sätzen zum Ausdruck:

- »Alles Lebendige wandelt sich. Wir sollten uns mit unveränderlichen Traditionen nicht zufriedengeben.«[9]
- »In religiösen Dingen kann man bekanntlich nichts verstehen, was man nicht innerlich erfahren hat.«[10]
- »Der Schritt zu höherem Bewußtsein führt aus allen Rückendeckungen und Sicherungen heraus. Der Mensch muß sich ganz darangeben, denn nur aus seiner Integrität kann er weitergehen.«[11]

Die Transzendenz der Psyche lässt eine andere Wirklichkeit hinter der Wirklichkeit erfahren. Dies aufzuzeigen war immer wieder Jungs Anliegen. Es geht um die Erkenntnis, dass alles – die Welt des Physischen und des Psychischen, Körper und Geist, das sinnlich Erfassbare und sinnlich Wahrnehmbare und die unsichtbare Welt des Unbewussten – zu einem untrennbaren Ganzen gehört, ein Feld der Einheitswirklichkeit ausmacht, des *unus mundus*, wie Jung es nannte.

Um den Zugang zu einem solchen Welt- und Menschenbild zu finden, lädt der erste Teil des Buches die Leserinnen und Leser dazu ein, sich mit Grundkonzepten der Analytischen Psychologie, wie sie sich ausgehend von C. G. Jung bis heute weiterentwickelt haben, vertraut zu machen und anhand ausgewählter Themen aus Therapie und Selbsterfahrung Wege in die innere Welt mitzugehen. Im zweiten Teil des Buches wird dargestellt, was eine zeitgemäße Spiritualität im 21. Jahrhundert ausmacht, welche zentrale Bedeutung sie für C. G. Jung und seine Analytische Psychologie hat und auf welche Weise spirituelle Dimensionen in einer Jung'schen Psychotherapie erfahrbar werden können.

C. G. Jung versteht Spiritualität als wesentlich, wenn es um Antworten auf die Frage nach Sinn und Bedeutung des menschlichen Lebens geht. Lassen Sie sich von C. G. Jung selbst direkt ansprechen:

> »Die entscheidende Frage für den Menschen ist: Bist du auf Unendliches bezogen oder nicht? Das ist das Kriterium seines Lebens. […] Letzten Endes gilt man nur wegen des Wesentlichen, und wenn man das nicht hat, ist das Leben vertan.«[12]

Teil I

Die Tiefen der Seele erkunden

I. Grundkonzepte der Analytischen Psychologie

Die Analytische Psychologie, die auf C. G. Jung zurückgeht, ist eine eigene therapeutische Richtung mit einem spezifischen Verständnis seelischer Störungen und eigenen psychotherapeutischen Behandlungsmethoden. Das Gesamtwerk Jungs vermittelt ein sehr differenziertes Verständnis des menschlichen Lebens als Ganzes.

Manche Begriffe aus der Analytischen Psychologie C. G. Jungs sind längst Allgemeingut geworden, wie der Begriff Komplex, z. B. wenn wir sagen, dass ein Mensch unter Minderwertigkeitskomplexen oder einem Autoritätskomplex leidet. Auch die Bezeichnungen für die Hauptrichtungen der seelischen Energie eines Menschen sind in den allgemeinen Sprachgebrauch integriert: Was Extraversion – die stärker nach außen gerichtete seelische Energie – bzw. Introversion – die nach innen gerichtete seelische Energie – bedeutet, ist bekannt, man weiß, was ein introvertierter oder extravertierter Mensch ist.

C. G. Jung und die Analytische Psychologie

Carl Gustav Jung wurde am 26. Juli 1875 als Sohn eines evangelischen Pfarrers in Kesswil in der Schweiz geboren. Er besuchte dort die Schule, studierte Medizin an der Universität Basel und begann seine berufliche Laufbahn an der Psychiatrischen Universitätsklinik in Zürich. 1907 begann seine Bekanntschaft mit Sigmund Freud in Wien; damals entwickelte sich die Psychoanalyse. Nach dem Bruch mit Freud, der eine andere Auffassung von der Bedeutung der Sexualität und des Religiösen hatte, entwickelte Jung eine eigene tiefenpsychologische Schule, die sogenannte Analytische Psychologie.

Ab 1913 richteten sich seine Untersuchungen auf die Struktur und Phänomenologie des Unbewussten. Er unternahm zahlreiche

Forschungsreisen, hatte eine umfangreiche psychotherapeutische Praxis, hielt Gastvorlesungen an in- und ausländischen Universitäten, bekam viele Ehrendoktortitel und Auszeichnungen und schrieb zahlreiche Fachbücher.

Jung war ein Pionier in der Entdeckung und Erforschung des sogenannten Kollektiven Unbewussten, während die Freud'sche Psychoanalyse sich auf den Bereich des persönlichen Unbewussten fokussiert. Die ETH Zürich würdigte Jung als einen Wiederentdecker der Ganzheit und Polarität der menschlichen Psyche und ihrer Tendenz zur Einheit, als einen klaren Diagnostiker der Krisenerscheinungen beim Menschen im Zeitalter von Technik und Wissenschaft sowie als Interpreten des Symbolsystems der Menschheit und des seelischen Reifungs- und Wachstumsprozesses des Menschen, der Individuation. C. G. Jung starb am 6. Juni 1961 im Alter von 86 Jahren.

Jungs Gesamtwerk – es umfasst 20 Bände sowie mehrere Briefsammlungen und Seminarbände – zeugt von seiner umfangreichen Erforschung der inneren Seelenlandschaften. Ein Satz von Novalis könnte das Motto für sein Lebenswerk sein: »Wir träumen von Reisen durch das Weltall. Ist denn das Weltall nicht in uns? Die Tiefen unseres Geistes kennen wir nicht. Nach innen geht der geheimnisvolle Weg. In uns oder nirgends ist die Ewigkeit mit ihren Welten, die Vergangenheit und die Zukunft.«[13]

Jung war seiner Zeit in so manchem intuitiv, ahnend und forschend weit voraus. Einiges kann vielleicht erst jetzt, mit dem heutigen Bewusstsein, verstanden, anerkannt und angenommen werden. Sein Werk ist auch heute noch eine riesige Fundgrube an psychologischen Erkenntnissen, philosophischen Gedanken, anthropologischem Wissen und an Lebensweisheit. Es verbindet umfangreiche empirische, psychologische, religionswissenschaftliche, anthropologische und völkerkundliche Studien mit klinischem Fallmaterial. Damit bereitete Jung die Grundlagen für die Analytische Psychologie und ihre Therapie.

An dieser Stelle möchte ich betonen, dass es natürlich auch einiges in Jungs Denken gibt, was aus heutiger Sicht problematisch und falsch ist und als Teil seiner Schattenproblematik angesehen werden muss. Manche Stellen spiegeln auf erschreckende Weise die Vorurteile seiner Zeit und seiner Generation wider, auch seine Fehleinschätzung des Nationalsozialismus, was in den vergangenen Jahrzehnten von heutigen Jung'schen Analytikerinnen und Analytikern entsprechend analysiert und kritisiert wurde. So gilt auch für die beeindruckende Größe seines Lebenswerks und seine Persönlichkeit, dass diese Aspekte zu sehen sind.

Das Menschenbild der Analytischen Psychologie

Im Menschenbild der Analytischen Psychologie wird zunächst vom Ich als Zentrum des Bewusstseins ausgegangen. Daneben gibt es das persönliche Unbewusste als einen weiteren Bereich der Psyche. Hier sind Bedürfnisse, Wünsche, Triebe und Abwehrmechanismen eines Menschen gespeichert, also alle psychischen Inhalte und Vorgänge, die dem Ich nicht verfügbar sind, d.h. Vergessenes, Verdrängtes, unterschwellig Gefühltes und Gedachtes. Dies ist ein gemeinsames Konzept der Freud'schen Psychoanalyse und der Jung'schen Analytischen Psychologie.

Darüber hinaus nahm C. G. Jung weitere Bereiche der Psyche in den Blick, die er das kollektive Unbewusste nannte. Das kollektive Unbewusste umfasst alles im Unbewussten, was nicht in der persönlichen Erfahrung und Lebensgeschichte eines Menschen entstanden ist, sondern einen ererbten Erfahrungsschatz aus der Evolution, der Entwicklung der Menschheit darstellt. Ein Neugeborenes kommt mit solchen psychischen Strukturen auf die Welt. Das kollektive Unbewusste kann also als das phylogenetische Erbe der Menschheitsgeschichte verstanden werden.

Die Strukturelemente des kollektiven Unbewussten sind die Archetypen und ihre geistigen Inhalte. Es sind zugleich Seelenkräfte, die auf die Selbstverwirklichung und Persönlichkeitsreifung eines Menschen ausgerichtet sind. Jung bezeichnet das kollektive Unbewusste und die Archetypen als das »Schatzhaus«

der kollektiven Ideen und der schöpferischen Kräfte.[14] Für ihn ist das kollektive Unbewusste »die gewaltige geistige Erbmasse der Menschheitsentwicklung, wiedergeboren in jeder individuellen Hirnstuktur«[15].

Die Psyche hat zwei selbstregulative Zentren: das Ich und das Selbst. Das Ich ist das Zentrum im Bereich des Bewusstseins; als Zentrum der Gesamtpsyche versteht Jung das Selbst. Das Selbst ist dem Ich und seinen Funktionen übergeordnet und beeinflusst diese.

Insgesamt ist das Jung'sche Menschenbild stark von Polaritäten bestimmt, den polaren Gegensätzen von Bewusstem und Unbewusstem, persönlichem und kollektivem Unbewussten, Ich und Selbst, den Archetypen des Weiblichen und des Männlichen, Anima und Animus.

Bewusstsein, persönliches und kollektives Unbewusstes

Das Menschenbild der Analytischen Psychologie lässt sich anschaulich an einem von Jolande Jacobi[16] entwickelten Schema verdeutlichen:

Zu unterscheiden sind die Ebenen des Bewusstseins, des persönlichen Unbewussten und des kollektiven Unbewussten. Im Vergleich zum bewussten Teil der Psyche sind die Bereiche des persönlichen und des kollektiven Unbewussten sehr viel größer. Symbolisch betrachtet ist das Bewusstsein lediglich die Spitze des Eisbergs – unter der Wasseroberfläche liegt der viel größere Bereich des Unbewussten. Unbewusste Vorgänge können in Träumen, Phantasien, Affekten, Verhaltensweisen, Handlungen und Symptomen eines Menschen in Erscheinung treten. Der Bereich des persönlichen Unbewussten umfasst alle Inhalte und Erfahrungen aus der Lebensgeschichte, die vergessen und verdrängt wurden. Es enthält ebenso die sogenannten Komplexe und den persönlichen Schatten.

Eine der wichtigsten Erkenntnisse von Jung war die Bedeutung des Unbewussten nicht nur als Speicher für Vergangenes, sondern auch als Orientierung auf die Zukunft hin. So schreibt Murray Stein: »Jungs Schlüsselerkenntnis über die Beziehung des Unbe-

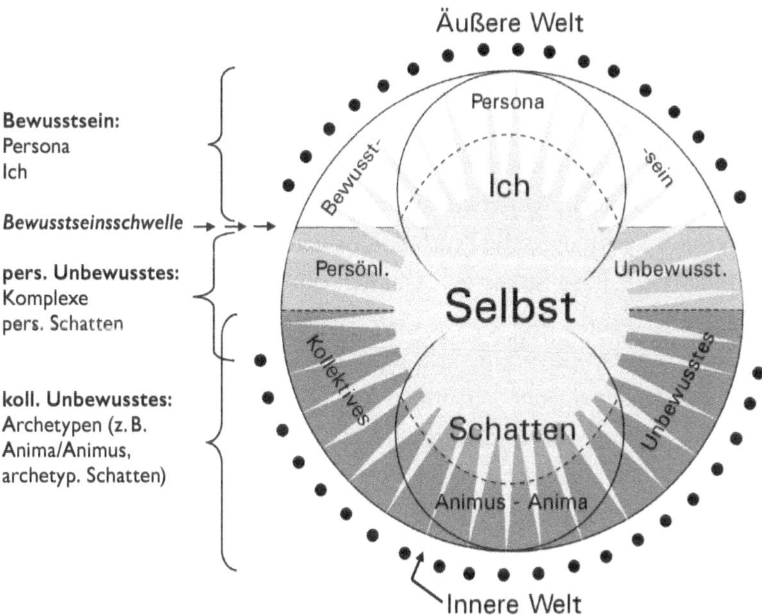

Abb. 1: Die Gesamtpsyche aus Sicht der Analytischen Psychologie

wussten zum Bewusstsein war, dass dieses nicht nur die verfolgende Vergegenwärtigung der Vergangenheit darstellt, wie Freud das gelehrt hatte – in Form von Komplexen, Aufrechterhaltung von Familiendynamik und Traumata, verdrängter frühkindlicher Sexualität etc. –, sondern dass es auch die aktive Präsenz eines lebendigen Geistes im Hier und Jetzt verkörpert. Das Unbewusste blickt vorwärts und antizipiert Zukunft in ihren Möglichkeiten. Was da auftaucht und sich zeigt, sobald die Aufmerksamkeit auf das Unbewusste als ein Mit-Spieler im Gegenwärtigen gerichtet ist, wird nützlich für die eigene Orientierung auf die Zukunft.«[17]

Diese Zukunftsorientierung ihres Unbewussten zeigt sich für viele Menschen auch darin, dass ihre Träume auf zukünftige Möglichkeiten der Lebensgestaltung verweisen.

Die Psyche befindet sich in fortwährender Entwicklung und Veränderung. Dabei stehen Innenwelt und Außenwelt in ständiger Wechselwirkung. Die Psyche als ein sich selbst regulierendes System strebt immer wieder nach Gleichgewicht und sucht Ausgleich zwischen den Gegensätzen und antagonistischen Bestrebungen.

Das Ich, die Persona und die Komplexe

Das Ich als Zentrum des Bewusstseins umfasst alle bewussten Inhalte der Psyche. Es entwickelte sich im Prozess der gesamten Evolution. Die Analytische Psychologie spricht auch vom Ich-Komplex und seinen Ich-Funktionen Denken, Fühlen, Empfinden und Intuieren, über die sich das Ich in der Welt orientiert. Das Ich steht in engem Zusammenhang mit dem Identitätserleben und der Bewusstheit der eigenen Persönlichkeit. Dieser Komplex der Ich-Identität hat eine hohe Konstanz und Stabilität, kann aber auch durch spezifische Lebenserfahrungen beeinträchtigt sein. Menschen mit ausgeprägter Ich-Schwäche bedürfen der therapeutischen Stützung und Stärkung zur Stabilisierung des Ich.

Zum Ich gehört auch die Persona. Sie ist der in der Außenwelt gezeigte und gelebte Teil der Persönlichkeit, der sich in den verschiedenen sozialen Rollen manifestiert. Zu den Ich-Funktionen zählen weiterhin Aufmerksamkeit, Gedächtnis, Realitätsprüfung und Affektkontrolle sowie bewusste Willensentscheidungen.[18]

Komplexe sind Brenn- und Knotenpunkte seelischen Erlebens im Bereich des persönlichen Unbewussten, die eine hohe energetische Aufladung haben. Sie bestehen zumeist aus unbewussten affektgeladenen psychischen Inhalten, die um einen spezifischen Bedeutungskern gruppiert sind und sich auf ein entsprechendes Lebensproblem oder Lebensthema beziehen, z. B. bei einem Minderwertigkeitskomplex auf das Thema Selbstwert oder bei einem Autoritätskomplex auf das Thema Macht und Abhängigkeit. Komplexe entstehen durch besondere Erfahrungen mit der Umwelt: durch Konflikte, Anforderungen oder auch seelische Verletzungen.

Komplexe können positiv anregend, motivierend wirken, ebenso auch neurotische Störungen mitbewirken. Sie haben auch einen archetypischen Kern. Als abgespaltene Persönlichkeitsanteile können sie einflussreich und bestimmend sein, z. B. ein Leistungskomplex, ein Autoritätskomplex oder ein Minderwertigkeitskomplex. Die

Wirkungen eines solchen Komplexes sind zunächst nicht bewusst steuerbar.

C. G. Jung versteht Komplexe als grundlegende Strukturierung des Psychischen. Er ist der Auffassung: »Jeder Mensch hat natürlich einen oder mehrere Komplexe [...]. Der Hintergrund unseres Bewußtseins (oder das Unbewußte) besteht aus derartigen Komplexen. Das ganze Erinnerungsmaterial ist um sie gruppiert. Sie bilden geradezu höhere psychische Einheiten analog dem Ichkomplex. Sie konstellieren unser ganzes Denken und Handeln, darum auch die Assoziationen.«[19] Und ferner: »Man darf heutzutage wohl die Hypothese als gesichert betrachten, daß Komplexe abgesprengte Teilpsychen sind. Die Ätiologie ihres Ursprungs ist ja häufig ein sogenanntes Trauma, ein emotionaler Schock und ähnliches, wodurch ein Stück Psyche abgespalten wurde. [...] In der Regel besteht sogar eine ausgesprochene Unbewußtheit über die Komplexe, was diesen natürlich umso größere Aktionsfreiheit gewährt.«[20]

Komplexe sind also als seelische Strukturelemente zu betrachten, die im Laufe der Lebensgeschichte entstanden sind. Ein Komplex umfasst persönliche, kollektive und archetypische Anteile. Das Bewusstmachen der Komplexe und die Bearbeitung der mit ihnen verbundenen Störungen und Probleme sind Teil der therapeutischen Arbeit.

Archetypen

Das kollektive Unbewusste reicht über das persönliche Unbewusste hinaus in tiefere Schichten des Unbewussten, die allen Menschen gemeinsam sind. Es enthält universale, *unanschauliche* psychische Faktoren, die allgemeine Erfahrungen der Menschheit widerspiegeln: die Archetypen.

Für Jung sind Archetypen Muster des Erlebens und Verhaltens – ein ererbter Erfahrungsschatz, aus dem heraus Menschen sich in der Welt bewegen, ihr Erleben gestalten und zu verstehen suchen. Er versteht sie auch als »hilfreiche Kräfte, die in der tieferen Natur des Menschen schlummern, erwachen und eingreifen«[21].

Archetypen sind überall in der Kulturentwicklung der Menschheit wirksam und zeigen sich in vielen Bereichen: In Mythologie, Kunst, Ritualen, Religionen, Weltliteratur und Märchen haben sie in Bildern und Symbolen ihren vielfältigen Ausdruck gefunden, z. B. in den Urbildern der Großen Mutter, dem Bild des Helden, des Heilers und der weisen Alten, in Gottesbildern und in allen Erscheinungsformen des Weiblichen und des Männlichen, die C. G. Jung Anima und Animus nannte.

Wörtlich ist »Urbild« die Übersetzung des Wortes »Archetyp« (griech.: *arché* = Anfang; *typós* = Prägung, Einschlag). Der Jung'sche Begriff Archetyp ist oft missverstanden worden. Im Jung'schen Verständnis sind Archetypen vor allem *Wirkkräfte* des kollektiven Unbewussten, die als Strukturelemente und formgebende psychische Energie an sich unanschaulich und gestaltlos sind. Sie können nicht direkt wahrgenommen, sondern nur aufgrund ihrer Wirkungen erschlossen werden. Die Wirkung der Archetypen ist erkennbar in Erlebensweisen, Bildern und Symbolen. Archetypen können auch in Handlungen, Ritualen, Bewegungen in Erscheinung treten, d. h. in allen Arten von Symbolen. Die Zahl der Archetypen ist unbegrenzt.

Archetypen werden auf der psychischen Ebene vor allem in Bildern und Symbolen erfahrbar, die Zugang zu den Tiefenschichten der Psyche ermöglichen. Daher sprach Jung zunächst auch von Urbildern, die er in kulturvergleichenden Studien erforschte. Die archetypischen Bilder sind nicht zeitlos, sondern historischen Wandlungen und Variationen unterworfen. Weltbilder, Mythen, Religionen, Kunst, Literatur, Märchen, Träume und Phantasien sind Zeugnisse der Wirkkräfte und Leitbildfunktion der Archetypen.

Jeder Archetyp als Faktor bestimmt einen an sich unendlichen Formbereich möglicher Bilder. Je bewusstseinsferner, desto allgemeiner verfließen sie zu Grundprinzipien. Je bewusstseinsnäher, desto differenzierter und persönlicher beeinflusst sind die jeweiligen Erscheinungsbilder, die immer existentielle Aussagen über die *conditio humana* sind, so z. B. in den archetypischen Bildern der Mutter, des Vaters oder im Archetyp des Kindes, in Motiven des

Wachstums und des Lebenswegs als Baum, Weg, Labyrinth, in Themen wie Liebe und Einsamkeit, Geburt, Wandel und Tod, in Landschaften als Ausdruck von Seelenstimmungen, z. B. im Symbol der Wüste, in den Elementen Feuer, Wasser, Luft und Erde als Ausdruck psychischer Energien. Das Eckige und das Runde haben in der Formsymbolik eine besondere Bedeutung; Zahlen sind nicht nur Mengenangaben und abstrakte Ordnungsfaktoren, sondern sind aufgeladen mit kulturellen Bedeutungen wie z. B. die »heilige« Zahl Sieben oder die noch immer magische, furchterregende Zahl Dreizehn. Ebenso haben auch Farben ihre spezifische Bedeutung.

Zentrale Archetypen sind für Jung Anima und Animus, die Archetypen des Weiblichen und des Männlichen. Zu den archetypischen Bildern des Weiblichen gehören z. B.: Mutter und Großmutter, das Mädchen, die Tochter; die weise Alte; Feen, Nixen und Hexen; Göttinnen in vielerlei Gestalten; Mutter Erde; das Meer; der Mond in seinen wechselhaften Erscheinungen; Orte der Fruchtbarkeit wie z. B. der Garten, der Acker; die Quelle; Hohlformen wie z. B. Höhlen, Becken, tiefe Brunnen; runde Formen und runde Gefäße; bestimmte Tiere wie z. B. Kühe und Schlangen; Nornen und Moiren als weibliche Schicksalsmächte; die Priesterin; die Sophia, die weibliche Weisheit.

Archetypen haben letztlich numinose Qualität. Ihr Wirken kann starke Emotionen hervorrufen, z. B. eine besondere Ergriffenheit oder auch Angst. Die Begegnung mit archetypischen Kräften kann heilend, aber auch zerstörerisch sein, wenn das Ich von archetypischen Inhalten z. B. in der Psychose überschwemmt wird.

In der Analytischen Psychologie werden heute neue Thesen und Verstehensmöglichkeiten zur Archetypentheorie formuliert. So geht Lutz Müller davon aus, dass der Mensch in seiner Ganzheit, seinen psychologischen Funktionen, seinem Erleben und Verhalten von Archetypen bestimmt ist: »Die archetypischen Muster beziehen sich auf alle Aspekte des menschlichen Seins. Sie reichen von den elementaren Körperfunktionen und Verhaltensweisen über die psychischen emotionalen und kognitiven Funktionen bis hin zu den ›höchsten‹ spirituellen Erfahrungsdimensionen. Es ist kaum eine Erfahrung denkbar, die sich nicht im Kern auf archetypische Strukturen zurückführen ließe.«[22] Zur Vielzahl von Archetypen zitiert er Jung: »Es gibt so viele Archetypen, als es typische Situationen im Leben gibt.«[23]

Archetypen, so Müller, können verstanden werden als »angeborene, arttypische Muster des psychophysischen Funktionierens, Erlebens und Verhaltens des Systems Mensch«[24], und anthropologische Konstanten lassen sich für ihn an den komplexen Erzählmustern von Mythen, Religionen, Kunst usw. aufzeigen. Archetypische Muster sieht er als »relativ universal«[25], »strukturell, nicht inhaltlich bestimmt«[26]. Er zitiert Jung: »Endlose Wiederholung hat diese Erfahrungen in die psychische Konstitution eingeprägt, nicht in Form von Bildern, die von einem Inhalt erfüllt wären, sondern zunächst beinahe nur als Formen ohne Inhalt, welche bloß die Möglichkeit eines bestimmten Typs zu Auffassung und des Handelns darstellen.«[27]

Aktuelle neurobiologische und genetische Forschungen stützen Jungs Erkenntnisse über archetypische Muster.[28] Insgesamt sind heute Biologie, Neurologie und Psychologie in der Diskussion um das Verständnis von Archetypen in einem entsprechenden Austausch.

Das Selbst

Das Selbst wird in der Analytischen Psychologie als eine dem Ich übergeordnete psychische Instanz verstanden, die das Ich mit einschließt, aber darüber hinaus transpersonale Aspekte umfasst. Es ist der Umfang und die Mitte der Psyche in ihrer Gesamtheit. Das Selbst ist eine innere Steuerungs- oder auch Führungsinstanz, die unter den Bedingungen der Umwelt des Menschen die Entwicklung der Psyche bestimmt.

Auf dem Weg der Individuation, dem lebenslangen Wachstums- und Reifungsprozess des Menschen, geht es darum, dass das Ich sich zum Selbst in Beziehung setzt und die Impulse, die vom Selbst kommen, aufnimmt und umsetzt. Das Ziel ist, eine Schwerpunktverschiebung vom Ich zum Selbst auf der sogenannten Ich-Selbst-Achse, um die schöpferischen Impulse zur Selbstverwirklichung, die vom Selbst ausgehen, aufgreifen zu können. Die Tendenz zur Selbstverwirklichung, so auch die Überzeugung der Humanistischen Psychologie, ist der Psyche angeboren.

Der Jung'sche Selbstbegriff ist weiter und umfassender als die Selbstkonzepte anderer psychologischer Richtungen. Das Selbst ist Umfang und Zentrum der Persönlichkeit und umfasst personale, kollektive und transpersonale Aspekte, bewusste und unbewusste psychische Inhalte. Als Ganzheit umfasst das Selbst alle Seiten des Menschseins, auch in ihren Widersprüchlichkeiten, und vereinigt in sich Vergangenes, Gegenwärtiges und zukünftiges Entwicklungspotential. Es ist die paradoxe Einheit der Gegensätze: von Bewusstsein und Unbewusstem, Körperlichem und Psychischem, Innerem und Äußerem, Weiblichem und Männlichem, Gutem und Bösem. Jung betont: »Ohne Integration des Bösen gibt es keine Ganzheit.«[29] Das Selbst ist zugleich Ausgangspunkt und Ziel psychischer Entwicklung; es ist ein sich ständig verändernder Prozess.[30]

Auf der Ebene des Symbolischen wird das Selbst häufig in grundlegenden abstrakten Formsymbolen dargestellt: in Kugel oder Kreis als Bild der Ganzheit, im Kreuz, das sich in alle vier Himmelsrichtungen ausdehnt, oder in der sich einwärts und auswärts drehenden Spirale als universaler Entwicklungslinie. Ein häufig auftretendes Selbstsymbol ist z. B. auch der Baum als Lebensthema des Wachstums, der Entfaltung und des Vergehens. Schwangerschafts- und Geburtsthemen in Träumen künden oft besondere Veränderungen im Leben an, die als schöpferische Impulse aus dem Selbst aufsteigen, ebenso Begegnungen mit Personifikationen des Selbst in Gestalt des weisen Alten oder des Archetyps der Heilerin.

Die transpersonalen Aspekte des Jung'schen Selbstkonzepts finden auch ihren Ausdruck in der spirituellen und religiösen Symbolik der Lotusblüte, der mystischen Rose, dem Kreuz oder des Mandalas. Das Betrachten und Gestalten von Mandalas hat besondere

Wirkungen. Farben und Formen können Beruhigung, Entspannung und Harmonie vermitteln. Sie helfen, Ordnung und Orientierung im eigenen Erleben zu finden, sind zugleich ein kosmisches Symbol der Ganzheit. Insbesondere Mandalas in der buddhistischen Tradition sind komplexe Meditationsbilder mit tiefer religiöser Symbolik.

Auch die Symbolsysteme der Astrologie, des I Ging, der Alchemie und des Tarots verdeutlichen viele Aspekte des Archetyps des Selbst.

Der Schatten

»Der Schatten« ist zunächst ein bildhafter Begriff, den die Analytische Psychologie für alle jene dunklen Seiten verwendet, die jeder Mensch zwar hat, aber nicht wahrnehmen will. Jung definiert den Schatten als all das, was ein Mensch nicht sein möchte und gleichwohl ist.[31]

Der Schatten ist eine Art Spiegelbild auf der unbewussten Seite der Psyche. Er verkörpert Gegenwerte, Verhaltensweisen und Einstellungen, die komplementär zur bewussten Persönlichkeit stehen: alles vom Ich-Bewusstsein Abgelehnte, das Inkompatible, die Schwächen und die moralisch problematischen Seiten der Persönlichkeit. Der Schatten umfasst Gefühle, Gedanken, Einstellungen und Verhaltensweisen, die in der jeweiligen Gesellschaft als negativ bewertet und abgelehnt werden, z. B. Gewalt, Triebhaftigkeit, Unehrlichkeit, Arroganz, Neid, Eifersucht und Egoismus. Er stellt »die andere Seite« des Ich dar, quasi sein Alter Ego, und beinhaltet häufig genau die Aspekte, die man an anderen Menschen besonders heftig ablehnt (»*Ich* bin doch nicht eifersüchtig, konkurriere nicht, bin nicht rechthaberisch …«).

Der persönliche Schatten entsteht mit der Entwicklung der Persönlichkeit. Alle Eigenarten, Eigenschaften, Einstellungen und Gefühle, die nicht gezeigt und gelebt werden dürfen, bilden diese andere Seite der Person. Alles, was das Ich als sozial unpassend, störend, unerwünscht erfährt, wird im Prozess der Sozialisation und Erziehung in den seelischen Schattenbereich verwiesen, wie in einen Container versenkt und dort gespeichert. Die eigenen Schattenseiten werden als unerwünschte Aspekte zum Teil verdrängt, tabuisiert oder auch im Sinne der Abwehr auf andere projiziert: Es sind immer die anderen, die schlecht, böse, grausam und selbstsüchtig sind! So werden diese Anteile der eigenen Person ins Unbewusste verschoben, wobei der Schatten seine Macht und Destruktivität gerade daraus bezieht, dass er aus dem Bewusstsein ausgeschlossen ist.

Schattenseiten werden besonders bei Affektdurchbrüchen sichtbar, bei einem Wut- und Zornausbruch, wenn darin Aspekte von uns sichtbar werden, wo wir uns rücksichtslos, egoistisch, geizig, kleinlich, feige oder taktlos verhalten und solche Eigenschaften sichtbar werden, die wir gewöhnlich unterdrücken, verbergen und nicht an uns selbst kennen wollen. »Da hab ich mich selber nicht wiedererkannt«, heißt es dann bzw. genau darin muss ich mich leider wiedererkennen.

Jung unterscheidet den persönlichen Schatten eines Menschen vom archetypischen Schatten. Als Teil des kollektiven Unbewussten umfasst dieser alle Möglichkeiten des Bösen in der Menschheitsgeschichte, alle grausamen, destruktiven, dämonischen und zerstörerischen Impulse und Energien. Seine Symbole und Bilder im Bereich der Religion und Mythologie sind z. B.:

- der Teufel, Luzifer, Dämonen, böse Geister, Drachen, Ungeheuer, Hexen – alle Gegenkräfte des Guten im mythischen Kampf zwischen Gut und Böse;
- die Atombombe, Waffen im Krieg, Panzer und Bomben, Messer, Gifte – also alle Mittel und Instrumente zur Vernichtung, Zerstörung und Gewalt.

Der Schatten hat auch noch einen weiteren Aspekt: Er ist auch das uns Unbekannte, Fremde, das, was uns ängstigt oder was uns unheimlich ist. Über die Angst wird aus dem Unbekannten das Böse, Gefährliche und Gefürchtete.

In der analytischen Arbeit geht es zunächst einmal um Bewusstmachung und Einsicht in die eigenen Schattenseiten. So schreibt

Jung: »Einsicht in den Schatten führt zu jener Bescheidenheit, die zur Anerkennung der Unvollkommenheit notwendig ist.«[32] Auf dem Weg der Selbsterkenntnis und Selbstverwirklichung kommt man nicht daran vorbei, das dunkle Gesicht im Spiegel der Selbstreflexion anzuschauen, Projektionen zu erkennen und zurückzunehmen, sich zu konfrontieren mit bislang unbekannten, abgelehnten und unentwickelten, unter Umständen primitiven Seiten der Persönlichkeit – all das, was das Ich und die Persona nicht erlauben und nicht sein wollen. Für Jung ist auch der Schatten »ein lebendiger Teil der Persönlichkeit und will darum in irgendeiner Form mitleben«[33]. Und an anderer Stelle betont er: »Jedermann ist gefolgt von einem Schatten, aber je weniger dieser im bewussten Leben des Individuums verkörpert ist, umso schwärzer und dichter ist er«, sagt Jung und meint weiter: »Eine bloße Unterdrückung des Schattens ist ebenso wenig ein Heilmittel wie Enthauptung gegen Kopfschmerzen.«[34]

Die Akzeptanz des Schattens kann zu mehr Lebendigkeit und zu größerer Toleranz führen. Manches im Schatten Verborgene kann sich auch nach Bewusstmachung als durchaus wertvoll und dem Leben dienlich erweisen.

Introversion und Extraversion

Introversion und Extraversion sind zwei unterschiedliche Weisen, sich auf die innere und äußere Welt zu beziehen. Sie kennzeichnen die grundlegende Einstellung eines Menschen in der Ausrichtung seiner psychischen Energie nach innen bzw. nach außen, wobei sich die jeweilige Lebensorientierung schon in der Kindheit zeigt und damit relativ festgelegt ist.

Die Aufmerksamkeit eines introvertierten Menschen richtet sich stärker auf innerseelische Vorgänge, die innere subjektive Realität, das Geistige. Die äußere Welt ist für Introvertierte eher schwierig, beängstigend. Sie zeigen ein stärkeres Rückzugsverhalten, gelten eher als abwartend-passiv, skeptisch-pessimistisch. Denken, Fühlen und Handeln eines introvertierten Menschen unterscheiden sich vom extravertierten Einstellungstyp. In der Paarkonstellation eines introvertierten und eines extravertierten Menschen kann das wechselseitige Verstehen manchmal recht schwierig sein.

Der extravertierte Mensch interessiert sich mehr für die Objekte in der Umwelt, der äußeren Realität, und weniger für die Innenwelt. Seine Libido, die seelische Energie, ist daher eher aktiv auf Kontakt und Interaktion gerichtet. Introvertierte Menschen sind meist eher stiller, zurückhaltender, gehemmter. Extravertierte gehen leichter in Kontakt, zeigen sich aktiv, eher optimistisch, mit einem breiten Spektrum an Interessen.

In der Regel ist die extravertierte Orientierung anlagemäßig präsent und schon beim Kleinkind beobachtbar. In der zweiten Lebenshälfte kann aber – im Sinne der Suche nach Ganzheit im Individuationsprozess – die Introversion in den Vordergrund rücken. »Die Gefahr des Extravertierten«, so C. G. Jung, »ist, daß er in die Objekte hineingezogen wird und sich selbst darin ganz verliert.«[35]

In der Persönlichkeit der meisten Menschen mischen sich die Ausprägungen von Introversion und Extraversion, ist niemand nur introvertiert oder nur extravertiert. In seiner Typologie verbindet Jung die Konzepte Introversion und Extraversion mit den vier Orientierungsfunktionen des Ich – Denken, Fühlen, Empfinden und Intuieren – und kommt so zu acht Typen.

Die Individuation – Herzstück der Analytischen Psychologie

Werde, der/die du bist

Individuation ist nach meinem Verständnis das Herzstück der Analytischen Psychologie. Jung verstand darunter einen Prozess der Selbstverwirklichung und der fortschreitenden Entfaltung der Persönlichkeit, in der Auseinandersetzung zwischen Ich und Selbst, Bewusstem und Unbewusstem. Individuation ist der schöpferische, archetypisch bestimmte, menschliche Reifungsprozess, ein Differenzierungsprozess, der die Entwicklung der individuellen Persönlichkeit zum Ziel hat.[36] Jung erläutert: »Individuation bedeutet: zum Einzelwesen werden, und, insofern wir unter Individualität unsere innerste, letzte und unvergleichbare Einzigartigkeit verstehen, zum *eigenen Selbst werden.*«[37]

Bei Individuation geht es darum, den Entfaltungskräften in uns Raum und Lebensrecht zu geben, trotz aller Beschränkungen durch lebensgeschichtliche Einflüsse von Seiten der Gesellschaft, Kultur, geschlechtsspezifischen Sozialisation und anderer Faktoren. Individuation bedeutet, eine Übereinstimmung mit sich selbst anzustreben, so dass Innenwelt und äußere Lebensbedingungen zu etwas Einheitlichem werden, ohne dass die Brüche, Versagungen und das Fragmentarische des Lebens geleugnet werden.

Zur Entfaltung der Persönlichkeit auf dem Weg der Individuation gehört vor allem die Verwirklichung derjenigen Lebenspotentiale, die durch lebensgeschichtliche Bedingungen bis jetzt eingeschränkt wurden, z. B. durch frühe Traumatisierungen bzw. familiäre oder kulturelle Faktoren, die das Verhalten des Individuums bestimmten, seine seelische Ganzheit beeinträchtigten und zum Entstehen seelischer Störungen und neurotischer Fehlentwicklungen führten.

So wie jeder Mensch einzigartig ist, ist auch der Prozess der Individuation einzigartig. Wichtige Themen und Phasen dieses Prozesses sind die Bewusstmachung der verdrängten, bewusstseinsfähigen Teile des Unbewussten und deren Integration, die Erforschung der eigenen Komplexstruktur, die Auseinandersetzung und Auflösung der Identifikation mit der Persona, die Hinterfragung der bisherigen, einseitigen introvertierten bzw. extravertierten Lebensorientierungen und der bevorzugt ausgebildeten Wahrnehmungsfunktionen Denken, Fühlen, Empfinden, Intuieren, die Auseinandersetzung mit verdrängten, nichtgelebten bzw. negativen Anteilen der eigenen Persönlichkeit, die Konfrontation mit dem eigenen Schatten.

Zu den Entwicklungs- und Reifungsaufgaben gehören auch die Ablösung von den Elternkomplexen, die sich im Verlauf der Erziehung durch Mutter und Vater ausbilden und beim erwachsenen Ich ein notwendiges Maß an Freiheit und Autonomie fordern.

Wichtige Themen sind ebenso die Auseinandersetzung und Aussöhnung mit dem eigenen Geschlecht und den sogenannten ge-

gengeschlechtlichen Anteilen, d. h. mit den Archetypen Anima und Animus und der heutigen Vielfalt der Geschlechtsidentität, sowie die Bewusstseinserweiterung in der Auseinandersetzung mit Inhalten des kollektiven Unbewussten, seinen archetypischen Kräften und symbolhaften Erscheinungen.

Das Ziel der Jung'schen Psychotherapie ist, Individuationsprozesse zu fördern: Menschen lernen, über die Beschäftigung mit ihren Träumen, Phantasien, Konflikten und Alltagserfahrungen bewusst in den Dialog mit ihrer Innenwelt einzutreten. Dabei kann es zu weitreichenden inneren und äußeren Veränderungen kommen, d. h. Beziehungen, soziales Leben, Arbeit und Beruf, Interessen und Bedürfnisse können sich auf dem Weg des »Werde, der bzw. die du bist« ändern. Individuation ist immer wieder auch ein Transzendieren von Grenzen der Selbst- und Welterfahrung.

Individuation als Reifungsprozess der menschlichen Psyche geschieht innerhalb und außerhalb der therapeutischen Situation und erfährt nach Jung vor allem eine Intensivierung in der Lebensmitte.

Jung versteht die Individuation als seelischen Integrationsvorgang und gleichzeitig als Beziehungsprozess: »Der bewußte Vollzug der inneren Einigung hält an der menschlichen Beziehung als an einer unerläßlichen Bedingung fest, denn ohne bewußt anerkannte und akzeptierte Bezogenheit auf den Nebenmenschen gibt es überhaupt keine Synthese der Persönlichkeit.«[38] Zwar betont Jung: »Die Beziehung zum Selbst ist zugleich die Beziehung zum Mitmenschen, und keiner hat einen Zusammenhang mit diesem, er habe ihn denn zuvor mit sich selbst.«[39] Dennoch galt sein Interesse stärker dem intrapsychischen Prozess der Ganzwerdung und dem Streben nach Vollständigkeit, weniger den interpersonalen Beziehungsaspekten. Der psychische Differenzierungs- und Integrationsvorgang ist das eigentliche Hauptthema seines Gesamtwerks und wird ausführlich und in vielen Facetten von ihm immer wieder beschrieben.

Jung betonte, dass der Individuationsprozess ein lebenslanges Bemühen um Bewusstwerdung und seelische Ganzheit ist. »Die systematische Beschäftigung mit sich selbst dient einem Ziele, sie ist Arbeit und bedeutet Leistung.«[40] Ähnlich wird heute in modernen Identitätstheorien von der »Identitätsarbeit« als einer lebenslangen Aufgabe gesprochen.[41] Jung betont: »Die menschliche Persönlichkeit ist an sich keine Ganzheit, wenn wir nur das Ich, das Bewußtsein, in Betracht ziehen. Erst mit der Ergänzung durch das Unbewußte wird sie vollständig. Darum ist die Kenntnis des Unbewußten unumgänglich und unerläßlich für jede wirkliche Selbsterforschung. Durch dessen Einbeziehung verschiebt sich das Persönlichkeitszentrum vom begrenzten Ich in das umfassendere Selbst, also in jene Mitte, die beide Bereiche, Ichbewußtsein und Unbewußtes, in sich schließt und miteinander verbindet.«[42]

Individuation, Identität und Kohärenz im Zeitalter der Postmoderne

Es ist der Analytischen Psychologie immer wieder vorgeworfen worden, sie sei allzu idealistisch in ihrem Konzept der Individuation. Die Moderne und namentlich die Postmoderne ermögliche solche ganzheitlichen Lebenskonzepte doch gar nicht mehr, Selbstwerdung und Identität seien doch nur noch möglich als eine Art Patchwork, also Patchwork-Identität und als Leben im Fragment.

Von den Untersuchungen zur Salutogenese erhält die Analytische Psychologie meines Erachtens jedoch Unterstützung in ihrer Betonung der Wichtigkeit von Ganzheit und Lebenssinn. Der israelische Gesundheitsforscher Aaron Antonovsky, der die Salutogenese der Pathogenese entgegenstellt, hat herausgefunden, dass für die Gesunderhaltung eines Menschen ein Gefühl für sinnhafte Lebenszusammenhänge unerlässlich ist. Er nennt es den Kohärenzsinn.[43]

Kohärenz ist das Gefühl, dass es Zusammenhang und Sinn im Leben gibt, dass die Welt stimmig sein und geordnet werden kann und dass ein Mensch in der Lage ist, sein Leben zu bewältigen. Der Kohärenzsinn ist durch das Bestreben gekennzeichnet, dem eigenen Leben einen subjektiven Sinn zu geben und es mit den eigenen Wünschen und Bedürfnissen in Einklang zu bringen. Das Kohärenzgefühl beinhaltet für das Individuum die Erfahrung, innere und äußere Realität in Beziehung setzen zu können und im eigenen Leben als solchem Sinn zu finden. Misslingt dies, kann sich ein Sinn für Kohärenz nur mangelhaft entwickeln. Dann führt dies zu erheblichen Beeinträchtigungen der körperlichen, geistigen und seelischen Gesundheit.

Wenn Menschen keine Kohärenz, keinen Sinn in ihrem Leben finden oder entwickeln können, so wirkt sich dies aus in Phänomenen der »Demoralisierung«. Demoralisierung ist der Gegenbegriff zum Kohärenzgefühl. Eine erhebliche und beunruhigend anwachsende Zahl heutiger Menschen sieht keinen Sinn mehr darin, sich für oder gegen etwas einzusetzen. Sie haben kein Gefühl mehr für ihren Selbstwert und für die Gestaltungsmöglichkeiten ihres Lebens, sie fühlen sich hoffnungslos, hilflos und wertlos, sie lassen die Dinge fatalistisch laufen.

Schätzungen in den USA sprechen von einem Viertel bis zu einem Drittel der Bevölkerung, die ein solches Demoralisierungssyndrom zeigen. Vielen Menschen fehlen vor allem die materiellen, sozialen und psychischen Ressourcen für ein Leben in Würde und Selbstbestimmung. Diese müssen zunächst gegeben sein, damit Selbstverwirklichung auf der Basis gesicherter vitaler Lebensgrundbedürfnisse möglich werden kann. Erst dann lässt sich postulieren: Auch für Menschen der Postmoderne gilt, dass sie, um Sinn zu finden, auf Erfahrungsmöglichkeiten angewiesen sind, ihr Leben selbst gestalten und authentisch leben zu können – im Bestreben, der oder die zu werden, die sie sind. Gleichwohl bedeutet Individuation für heutige Menschen nicht nur, nach Ganzheit und Kohärenz zu streben, sondern auch, sich mit dem Nichtkohärenten, Fragmentarischen und den Lebensbrüchen in der eigenen Existenz aussöhnen zu können, die Gegensätze Ganzheit und Fragment in sich selbst anzunehmen als *coincidentia oppositorum*, wie Jung es genannt hat.

2. Zugang zur inneren Welt: Symbolarbeit in Therapie und Selbsterfahrung

Das Symbolverständnis der Analytischen Psychologie

Was sind Symbole? Je länger ich mich mit diesen Phänomenen beschäftigt habe, desto geheimnisvoller sind sie für mich. Um dieses Geheimnisvolle, nicht einfach zu Beschreibende und zu Erfassende, geht es in diesem Kapitel.

Alle therapeutischen Methoden der Analytischen Psychologie basieren auf einem spezifischen Verständnis des Symbolischen. Ob wir mit Symbolen arbeiten, die in Träumen auftauchen, oder mit Aktiver Imagination, mit gemalten Bildern oder uns auf komplexe Symbole wie Märchen und Mythen beziehen, immer geht es um eine symbolische Einstellung, von der Jung sagt: »Sie ist Ausfluß einer bestimmten Weltanschauung, welche nämlich dem Geschehen, sei es im Großen oder Kleinen, einen Sinn beimißt.«[44] Immer kommt es in der therapeutischen Arbeit darauf an, hinter dem Vordergründigen das Hintergründige, Bedeutungshaltige und Sinnhafte zu entdecken. Dieses Grundverständnis des Symbolischen möchte ich erläutern und an ausgewählten Beispielen aus der Therapie aufzeigen.

Sehr treffend hat Detlef Ingo Lauf in einem grundlegenden Buch über Symbole ausgedrückt, um was es geht, wenn wir uns auf Symbole einlassen: »Wir erreichen mit der Frage nach dem Symbolischen ein Gebiet, in dem die Kräfte der Intuition, der Deutung, des schöpferischen Erfassens und Lebens und der nicht wertenden, sondern betrachtenden Bildschau und Sinnerfahrungen eine hervorragende Bedeutung erlangen. Wir können also angesichts solcher nicht-rationaler Geistestätigkeiten nur einen Versuch unternehmen, unser Bewußtsein auf die sublime Realität und die verborgene und doch offenbare Wirksamkeit des Symbolischen hinzulenken.«[45]

Was sind Symbole?

Wir sind in unserem Alltag umgeben von Symbolen. Ganz selbstverständlich gehen wir mit ihnen um, reagieren auf sie, benutzen sie im Umgang miteinander und mit der Welt.[46]

Der Begriff Symbol, abgeleitet vom griechischen Wort *sýmbolon*, bezeichnet ursprünglich ein besonderes Erkennungszeichen. Wenn Freunde oder Familienangehörige sich trennen mussten, zerbrach man eine kleine Tontafel, eine Münze oder einen Ring, und jeder behielt einen der beiden Teile. Wenn z. B. eine Nachricht geschickt werden sollte, wurde dem Boten die eine Hälfte mitgegeben und dann wurden die beiden Teile aneinandergefügt (*symbállein* = zusammenlegen, zusammenwerfen). So konnte sich der fremde Bote als vom Verwandten oder Freund geschickt ausweisen und wurde entsprechend gastlich aufgenommen.

In einem Symbol ging es ursprünglich also immer um etwas »Zusammengefügtes«. Daraus entwickelte sich ein Verständnis, dass ein Symbol immer mit einem bestimmten geistigen Aspekt, einer besonderen Bedeutung verbunden ist und eine Einheit damit bildet.

Alles kann potentiell zum Symbol werden, also über ein reales, sichtbares Zeichen hinaus auf eine unsichtbare Bedeutung hinweisen. Daher ist ein Symbol immer mehr als ein Zeichen. »Im Äußeren offenbart es das Innere, im Körperlichen das Geistige, im Sichtbaren das Unsichtbare.«[47] Gerade weil das Symbol auf das Unsichtbare und eine tiefere Bedeutungsebene verweist und eine nicht sichtbare Wirklichkeit repräsentiert, lässt es sich mit der Ratio allein nicht begreifen.

Zum Verständnis von Symbolen gehört ihre Abgrenzung von Zeichen. Zeichen haben eine eindeutige, durch Übereinkunft entstandene Bedeutung, die willkürlich und veränderbar ist. Sie vermitteln eine eindeutige Information, wie etwa die Verkehrszeichen. Zu Symbolen gehört dagegen ein multidimensionales Bedeutungsfeld, das im Laufe der Entwicklung der Menschheit entstanden ist und zugleich emotionale Botschaften impliziert. So wurde etwa ein Ortsname wie Auschwitz zu einem hochkomplexen Symbol für den Holocaust.

Schon in Frühzeiten haben Menschen offenbar innere Bilder und Vorstellungen über die Welt gehabt, die eine spezifische Bedeutung für sie hatten. Davon zeugen auch die Malereien in den Höhlen aus der Steinzeit. Im weiteren Verlauf der Kulturentstehung haben sich Symbole, Riten und Mythen zur Welt- und Selbsterklärung entwickelt. So entstand in der kollektiven Psyche ein sich ständig erweiternder Schatz an Symbolen, der von Generation zu Generation weitergegeben wurde. Nur Menschen besitzen die Fähigkeit der Symbolisierung, d. h. sie sind in der Lage, auf der Basis innerer, bedeutungsgeladener Bilder bewusst ihr Leben zu gestalten, zu planen und zukunftsorientiert zu handeln und ihren Aktionen Sinn zu verleihen.[48]

Im Laufe der Kulturentwicklung entstand eine Vielzahl von Symboliken, z. B. symbolische Gesten, Rituale, Formsymbolik wie die Spiralen und Labyrinthe, Farbsymbolik, religiöse Symbole wie das Kreuz, politische Symbole wie Nationalfahnen und Hymnen. Auch die menschliche Sprache ist ein Symbolsystem und gleichzeitig voller symbolhafter Bilder, die jeder sofort versteht, etwa in Sätzen wie:

- »Die Sache liegt mir wie ein Stein im Magen.«
- »Das bereitet mir enorm Kopfzerbrechen.«
- »Die Sache hat weder Hand noch Fuß.«
- »Er wirkte wie versteinert auf mich.«
- »Sie ist ganz nah am Waser gebaut.«

In solchen anschaulichen, bildhaften Sätzen werden komplexe Zustände beschrieben, wird seelisches Erleben symbolisch mitgeteilt.

Auch der Berufsalltag wird durch Symbole ausgestaltet. Berufskleidung ist nicht nur funktional, sondern auch symbolisch. So wirkt etwa der weiße Kittel eines Arztes oder einer Ärztin, wie auch neuere Untersuchungen zeigen, noch immer vertrauenerweckend. Der Dresscode ist in manchen Betrieben eine Art ungeschriebenes Gesetz der Zugehörigkeit.

Allen beschriebenen Phänomenen zugrunde liegt die menschliche Fähigkeit zur Symbolisierung und zum Symbolverstehen. Sie verleiht Handlungen und Ereignissen, die im Laufe des Lebens Veränderungen mit sich bringen und von existentieller Bedeutung sind – beispielsweise Schul- und Studienabschlüsse, Verlobung, Hochzeit, Konfirmation und Beerdigung – einen spezifischen Sinn.

Was ist das Geheimnisvolle und Besondere der Symbole? Wie gewinnen Symbole über das Zeichenhafte hinaus ihre Wirksamkeit? Die menschliche Fähigkeit zur Symbolisierung gehört zu den wichtigsten Errungenschaften im Prozess der Evolution. »Das Symbol [...] ist ein Mittel der Daseinserhellung – freilich nicht auf der Ebene der intellektuellen, begrifflichen Ausgliederung, auf der Ebene des abstrakten, d. h. vom Leben abgezogenen und nur auf sich selbst bezogenen Geistes, sondern auf der Ebene des Existentiellen, die eine einzige Seinsebene darstellt und in der es darum keine Gegenüberstellung von heilig und profan geben kann.«[49] In der Fähigkeit zu sinnhaften inneren Bildern liegen die Ursprünge seelischer Erfahrung. Ehe die Menschen in Begriffen denken lernten, dachten sie in Bildern. Wann immer ein Gegenstand, eine Handlung oder ein Ereignis eine existentielle Bedeutung bekommt, sind seelische Reaktionen, Emotionen im Spiel – und diese werden über Symbole vermittelt.

Das Symbolverständnis der Analytischen Psychologie

Im Verständnis der Analytischen Psychologie sind Symbole Mittler und Schlüssel zu den Tiefenschichten der Seele. Sie verbinden Bewusstes, Vorbewusstes und Unbewusstes. Sie sind Energiezentren und wirken ganzheitlich, d. h. Denken und Fühlen, Empfindung und Intuition können gleichzeitig angeregt und aktiviert werden. Dies ist durch neurophysiologische Forschungsmethoden nachweisbar.

Im Verständnis der Analytischen Psychologie C. G. Jungs sind Symbole Projektionsträger für unbewusste seelische Inhalte. Wenn etwa im Traum ein Baum Blätter verliert und abzusterben droht, so kann dies ein Hinweis auf eine innere seelische Not und einen kritischen Zustand des Träumers oder der Träumerin sein. Symbole sind chiffrierte, dem Bewusstsein zugängliche und zu verstehende Aussagen des Unbewussten und tragen als Bilder Botschaften an das Bewusstsein heran. So können sie auch als Symptome über den Körper symbolhaft Hinweise auf psychische Problemlagen und Konflikte geben.

Alle Formen von Symbolarbeit dienen der Bewusstseinserweiterung, sie lassen die unbewussten Bedeutungsaspekte eines Symbols, das in der Phantasie auftaucht, ins Bewusstsein treten. Warum berühren uns manche Träume, Bilder und Märchengeschichten so tief? Ihre Symbole mobilisieren und entbinden psychische Energie in Form von Gefühlen. Sie verdichten, veranschaulichen, wecken unter Umständen frühere Erfahrungen und Erinnerungen; sie sind mit Erwartungen, Hoffnungen oder auch Ängsten und Befürchtungen verbunden, mit Liebe und Hass. Sie fördern den Dialog zwischen Bewusstem und Unbewusstem über das Erleben der Gefühle.

Im Symbol wird eine geistige Wirklichkeit hinter der Wirklichkeit erfahrbar, letztlich die Einheit der Welt, des *unus mundus*, wie Jung sie nannte. Daher geht es im Umgang mit Symbolen – in Träumen, Kunstwerken oder kollektiven Ritualen, also in Manifestationen aus der Umwelt oder der Innenwelt – um die Tiefenschichten der Psyche und ihrer Erkenntnis, um die geistige Welt, die im Prozess der Evolution des Menschen entstand, um Immanenz und Transzendenz. »Die Tiefe des Seins ist nicht durch die Manipulationen des diskursiven Verstandes (so nützlich er auch ist zur Ordnung des Zweckmäßigen) zu gewinnen, sondern durch den ins Innerste geleitenden Ariadnefaden der Symbole.«[50]

Symbole und Archetypen

Was Symbole so emotional (= bewegend) wirksam macht, geht im Verständnis der Analytischen Psychologie zurück auf die Strukturdominanten der kollektiven Psyche, die Archetypen.

Symbolik ist das Sichtbarwerden von Archetypen in den zu ihrem Bedeutungsfeld gehörenden Bildern. Archetypen sind also zu verstehen als ein Bereitschaftssystem der Psyche, das immer wieder in Imaginationen, Träumen, Phantasien und Ritualen als symbolische Handlungen Bilder produziert. »Die Urbilder sind unendlicher Wandlung fähig und bleiben doch stets dieselben, aber nur in neuer Gestalt können sie aufs neue begriffen werden«[51], so C. G. Jung. Er betont immer wieder, dass archetypische Bilder zugleich Emotion sind, also libidinöse Energie: »Wenn man archetypische Bilder ihres besonderen Gefühlstons, ihrer Numinosität entkleidet, so weicht das Leben aus ihnen und sie werden bloße Worte.«[52] Und: »Das Symbol ist nur lebendig, wenn es bedeutungsschwanger ist.«[53]

Symbole in der Therapie

Der psychotherapeutische Zugang zu Symbolen steht in der Analytischen Psychologie vor allem unter der Fragestellung, welche Hinweise zur gegenwärtigen Situation, zur lebensgeschichtlichen Problematik, zum Selbstverständnis eines Menschen und zu seiner Entwicklung die im persönlichen Erleben eines Menschen auftretenden Symbole geben. Symbole sind Schlüssel zu den Tiefenschichten der menschlichen Existenz. Sie sind zugleich Wegweiser auf dem Weg der Selbstwerdung, der Individuation.

Zugänge zur inneren Welt der Bilder und Symbole zu schaffen, ist ein wesentlicher Teil der Arbeitsmethoden der Jung'schen Psychotherapie. Durch das therapeutische Arbeiten an und mit den Symbolen werden heilende und schöpferische Kräfte angeregt.[54] »Am Symbol werden unsere ganz speziellen aktuellen Schwierigkeiten sichtbar, aber auch unsere ganz besonderen Lebens- und Entwicklungsmöglichkeiten.«[55] Symbole haben also nicht nur eine nach rückwärts, in die Vergangenheit gerichtete Erinnerungsdimension, sondern ebenso einen in die Zukunft weisenden Entwicklungsaspekt. Die Arbeit mit Symbolen hat sowohl diagnostische als auch therapeutische Funktion. Ein Traumsymbol z. B. sagt etwas über die gegenwärtige Problemsituation des Träumers aus, es bietet, wenn der Traum sorgfältig aufgeschlüsselt und gedeutet wird, ebenso Möglichkeiten zur therapeutischen Arbeit an Einstellungen, Gefühlen und Verhalten. Es kann Katalysator für Veränderungen sein. Daher bezeichnet die Jung'sche Analytikerin Verena Kast Symbole als »Brennpunkte der schöpferischen Entwicklung«[56].

Unabhängig davon, auf welche Weise mit Symbolen gearbeitet wird, z. B. in der Traumdeutung, der Aktiven Imagination, beim Malen und Gestalten von Symbolen oder beim Symbolerleben in Bildern, Märchen und Mythen – entscheidend ist der emotionale Bezug. Man muss in einen intensiven Gefühlskontakt mit den Symbolen treten, nur dann wirken Bilder und Symbole belebend, fördern sie den Energiefluss, ermöglichen sie Klärung, Bewusstseinserweiterung und Ablösung von Komplexkonstellationen.

Für den Dialog mit der eigenen seelischen Innenwelt benötigen Menschen, die in die Therapie kommen, die Therapeutin, den Therapeuten als Dialogpartner. »Es braucht bei den meisten Menschen ein Gegenüber, sonst ist die Erlebnisgrundlage zu wenig real, der Mensch ›hört‹ sich sonst nicht«[57], sagt C. G. Jung in einem Brief. Oft geht es zunächst darum, eine grundlegende Haltung der Achtsamkeit und Fürsorglichkeit im Umgang mit sich selbst zu fördern und die Klient:innen zu ermutigen, sich selbst wichtig zu nehmen. Die therapeutische Empathie und Zuwendung zur Person ist hier als Modell wichtig.

In der Analytischen Psychologie geht es vor allem darum, Wachstums- und Reifungsprozesse im Sinne der Individuation zu fördern. Das bedeutet zunächst, die Inhalte des persönlichen und kollektiven Unbewussten zu erschließen. Daran arbeiten Patient:innen und Therapeut:innen gemeinsam. Es geht darum, Verworrenes zu sichten und zu ordnen, das bislang Unbeachtete und Unbewusste zu entdecken, Verdrängtes und Abgespaltenes zu integrieren, Zusammenhänge mit der Biographie aufzudecken und zu verstehen, sich selbst besser zu erkennen, den Blick in den Spiegel der Selbsterkenntnis zu wagen und weiterzugehen auf dem Weg des »Werde, der/die du bist«. Dazu bedarf es eines besonderen, geschützten Erfahrungsraumes.

Der Raum der Therapie ist ein besonderer Raum, den Jung mit dem alchemistischen Symbol des *vas hermeticum* beschrieb. Es ist ein geschlossenes Gefäß, in dem es zu besonderen »Gärungsprozessen« kommt, denen beide, Analytikerin und Analysand, im Therapieverlauf ausgesetzt sind. Für die meisten Patient:innen ist es ein besonderer Ort, ein *temenos*, ein geschützter, abgesonderter Bereich. Für manche Patient:innen, die Nachreifung, Nachbemutterung benötigen, ist es auch eine Art Gebärmutter, wo sie Halt, Schutz, Geborgenheit, *containing* erfahren.

Der Raum der Therapie ist ein Ort des Zeigen-Dürfens von frühen Verwundungen, des Aufdeckens von bislang Verborgenem, von oft mit Scham- und Schuldgefühlen besetzten Lebensgeheimnissen. An diesem geschützten Ort geschieht Auseinandersetzung und Bearbeitung von schwierigen Themen der eigenen Lebensgeschichte. So wundert es nicht, dass auch der Therapieraum symbolisch besetzt wird als Nest oder Zufluchtsort und Schutzburg, als »heiliger, heilender Ort«.

Der Raum der Therapie ist auch der Ort der besonderen symbolischen Besetzung der Therapeutin, des Therapeuten in der Übertragungsbeziehung. Er oder sie wird unter dem Bild des archetypischen Heilers oder der Heilerin gesehen; ebenso werden häufig Elternimagines auf das therapeutische Gegenüber projiziert. Daneben entwickelt sich auf der Ebene der Ich-Du-Beziehung das therapeutische Arbeitsbündnis zwischen Klient:in und Therapeut:in.

Die Psychotherapieforschung hat immer wieder aufgezeigt, dass die Qualität der therapeutischen Beziehung für den Prozess einer erfolgreichen Therapie der entscheidende Wirkfaktor ist.

Symbolamplifikation und Symbolerschließung

Zur therapeutischen Arbeit mit Symbolen und zum Verständnis der Bedeutungsvielfalt und Komplexität von Symbolen reicht die einfache freie Assoziation nicht aus. Jung empfiehlt daher die ausführliche Untersuchung eines Symbols, die er »Symbolamplifikation« genannt hat.

Im Gesamtwerk Jungs nimmt die vergleichende Symbolerforschung einen breiten Raum ein. In der Amplifikation von Symbolen werden stimmige und erhellende Verbindungen zu universalen Vorstellungen und Bildern gesucht, das Symbol also in größere Zusammenhänge gestellt.

Symbolamplifikation bedeutet die vertiefende Erkundung und Bedeutungsanreicherung eines Symbols aufgrund von vergleichenden literarischen, religions- und kulturspezifischen Aspekten, besonders auch das Herausarbeiten von Ähnlichkeiten und Aussagen in Märchen, Mythen, Religionsgeschichte, Literatur und Kunst. Die Amplifikation führt zunächst die Vieldeutigkeit von Symbolen vor Augen, ebenso kann es auf diese Weise gelingen, den Zugang zum archetypischen Kern eines Symbols mit seinen existentiellen, menschlichen Grundthemen zu finden. Dann geht es darum, die jeweils spezifische Bedeutung eines Symbols, das etwa in einer Aktiven Imagination aufgetaucht ist, z. B. das Tiersymbol der Schlange, in seiner aktuellen und subjektiven Bedeutung für den jeweiligen Menschen deutend zu erfassen.

Zur Symbolerschließung empfiehlt sich ein Zyklus von fünf Schritten.[58] Dabei ist zunächst das Wichtigste, in lebendigen Fühlkontakt mit dem Symbol zu treten, sich mit Hilfe der Ich-Funktionen Denken, Fühlen, Empfinden und Intuieren wirklich einzulassen auf das Geheimnisvolle eines aufgetauchten Symbols in einem Traum oder einer Aktiven Imagination.

Die fünf Phasen sind:

- Sich-Einstimmen, In-Gefühlskontakt-Treten mit dem Symbol,
- Erkunden des Bedeutungsumfelds des Symbols durchs Amplifikation,
- kreatives Erfahren und Gestalten des Symbols z. B. durch Malen, Arbeit mit Ton, Schreiben,
- Deutung, Einsicht, Erkenntnis, Zugang zum Archetypischen,
- Transfer der Einsichten und Suche nach dem Bezug zur gegenwärtigen Lebenssituation.

Symbolarbeit: Wie man sich auf Symbole einlassen kann

In der Symbolarbeit richten wir das Gewahrsein auf die inneren Bilder mit dem Ziel, dem Bewusstsein kreative, korrigierende und weiterführende Impulse aus dem Unbewussten verfügbar zu machen. C. G. Jung hat als einer der Ersten die unterstützende und heilsame Wirkung der Bilder und Symbole für die therapeutische Arbeit entdeckt und weiterentwickelt. Auch der Göttinger Arzt und Psychoanalytiker Hanscarl Leuner hat in seinem Verfahren des »Katathymen-Bilderlebens« (KIP) eine spezifische Vorgehensweise der kreativ-imaginativen Arbeit mit spezifischen Bildmotiven entwickelt.

Ein lebendiges Symbol wirkt heilsam und anregend aus sich heraus. Um es aber in seiner ganzen Wirkung zu entfalten, ist es wichtig, seinen Sinn und seine Bedeutung zu erschließen, so dass eine Integration des Symbols ins Bewusstsein und in die jeweilige Lebenssituation möglich wird. So wird das Symbol zu einer Botschaft, die dem Denken, Fühlen und Erleben neue, erweiterte Perspektiven hinzufügt. Das Symbol kann so zu einem inneren Leitbild werden.

Es bedarf aber eines besonderen Sich-Einlassens auf die Symbole, damit sie ihre Wirkungen entfalten können. Symbole müssen wahrgenommen werden, d. h. mit allen zur Verfügung stehenden Wahrnehmungsmöglichkeiten erkundet werden: sinnlich, mental, imaginativ, intuitiv. Je vielfältiger man ein Symbol erkundet, desto mehr klingt an, desto reicher werden die erkennbaren Bezüge zur eigenen Lebenssituation: Man kann ein persönlich bedeutsames Symbol malen, es aus Ton formen oder einen kurzen Text dazu schreiben. Symbole können imaginiert werden, d. h. man kann sich ein Symbol in der Phantasie ausmalen und sich ganz in diese Vorstellung hineinbegeben (C. G. Jung hat hier eine besondere Methode, die sogenannte Aktive Imagination, entwickelt, auf die weiter unten noch ausführlicher eingegangen wird). Symbole können auch beim Lesen eines Gedichtes, eines Märchens oder beim Schauen eines Films erlebt werden, ebenso beim Nachspüren und Erzählen eines Traumes.

Für die Symbolpsychologie ist nicht entscheidend, in welchen Kontexten Symbole auftreten und von Menschen erfahren werden: in der Alltagswelt, in Träumen, Phantasien, in der Kunst, der Dichtung, Religion. Die Psychologie fragt nach ihren spezifischen Wirkungen und existentiellen Bedeutungen. Wann immer Menschen Symbole gestalten und erfahren, kann die jeweilige Situation existentiellen Bezug gewinnen. Ein Symbol muss emotional bedeutsam werden, man muss in wirklichen »Fühl-Kontakt« mit ihm treten, so dass es seine Wirkung entfalten, einen ansprechen und eine Botschaft vermitteln kann. Wer sich auf ein Symbol wirklich einlässt, sich ihm öffnet, kann erfahren, was es in ihm wachruft, welche seelische Resonanz es hat und welche Sinngehalte es nahebringt. Über das Symbolerleben erfahren Menschen etwas über sich selbst und erweitern ihr Selbst- und Weltverständnis.

Die Resilienz fördernde Kraft der Symbole

Symbole können helfen, mit sich und der Welt wieder in Einklang zu kommen, aus der Ruhe- und Rastlosigkeit mancher Krisensituationen wieder in die eigene Mitte zu kommen. Das meditative Sich-Einlassen auf Symbole kann tröstende und stärkende Hinweise zur Orientierung bieten und kreative und schöpferische Kräfte zur Selbsterkenntnis und Krisenbewältigung anregen und damit die Resilienz eines Menschen fördern.

Resilienz kann als eine Art psychisches Immunsystem verstanden werden, das die inneren Stabilisierungs- und Heilkräfte umfasst. Es geht um die Widerstandskräfte der Seele, die uns befähigen, in schwierigen Lebenssituationen seelisch im Gleichgewicht zu bleiben.[59]

Aus tiefenpsychologischer Sicht bedeutet Resilienz, mit Hilfe von Phantasie, Imagination und Intuition Zugang zu inneren Kraftquellen zu finden, um die seelische Gesundheit zu stärken und bei seelischen Verletzungen Kräfte der Heilung zu aktivieren. Es geht darum, mit mehr Gelassenheit die täglichen Anforderungen des Lebens anzunehmen und auch Krisen und Belastungssituationen besser zu bestehen – im Vertrauen auf die belebende und inspirierende Kraft des Symbolischen, die sich über Phantasie und Imagination entfalten kann: Die Arbeit mit inneren Bildern und Symbolen kann Orientierung geben und mit den

Halt gebenden und stärkenden Tiefenschichten der Seele in Kontakt bringen.

Es gibt viele Symbole, die in Krisen und schwierigen Lebenssituationen besonders hilfreich und aufschlussreich sein können, z. B. der Weg, der Baum, die Quelle oder das Seelenhaus. Sie können dazu dienen, sich selbst zu erkunden, die aktuelle Lebenssituation näher zu untersuchen und auf einer tieferen Ebene zu begreifen, welche Entwicklungsanforderungen und Lebensthemen gegenwärtig anstehen. Sie können die Zuversicht und die Entschlusskraft stärken, das Notwendige anzugehen.

Sich selbst im Spiegel eines Symbols wiederzuentdecken oder ein persönliches Problem deutlicher fassen zu können, kann gerade dann, wenn das Leben schwierig wird und das klare Nachdenken erschwert ist, eine besondere Form von Hilfe sein. Für innere Bilder und Symbole, die in einem Traum, Tagtraum oder einer Imagination auftauchen, gilt auch: »Wo aber Gefahr ist, wächst das Rettende auch« (Hölderlin).

Beispiel aus der Aktiven Imagination

Was ist Imagination?

Imagination (lat. *imago*, Vorstellung, Bild) ist eine alte Technik der Bewusstseinsveränderung und -erweiterung, die bereits bei den frühen schamanischen und spirituellen Heilpraktiken verwendet wurde. Zugleich ist Imaginieren, das Produzieren innerer Bilder, etwas, das wir ständig machen: Alle Menschen verfügen über imaginative Fähigkeiten und über den reichen Schatz einer inneren Bilderwelt, die sie oft unwillkürlich nutzen: In spontanen Tagträumen kann man darin eintauchen, z. B. wenn man sich den kommenden Urlaub vorstellt und sich so einige Momente des Ausruhens in einer Stresssituation gönnt.

Imagination ist eine Denk- und Vorstellungsaktivität, bei der es darum geht, innere Bilder und die damit verbundenen Emotionen bewusst wahrzunehmen. Es ist quasi ein inneres »Googeln« in den eigenen Gedächtnisspeichern. Imagination geschieht, anders als in Träumen, in einem bewussten, wachen Zustand als Eintauchen in die eigene Innenwelt.

Imagination ist ein geheimnisvoller Zwischenraum zwischen Innenwelt und Außenwelt, in dem es möglich ist, aus der Verknüpfung von inneren Bildern, Erinnerungen und Emotionen kreativ Neues zu gestalten. Schwierige Erlebnisse können hier verarbeitet, Wünschenswertes im Sinne einer prospektiven Ausrichtung nach vorn vorbereitet werden. Ebenso kann man sich schöne Erinnerungen nochmals nahe holen, sich am Erlebten erfreuen und seinen Erfahrungsschatz als Stärkung erleben. Jeder Mensch kann die Kraft der Imagination nutzen, lediglich bei bestimmten Formen seelischer Erkrankungen ist unter Umständen davon abzuraten.

Wie die Träume sind Imaginationen nicht an die Grenzen von Raum und Zeit gebunden. Für C. G. Jung ist die Phantasie einfach ein unmittelbarer Ausdruck des psychischen Lebens, eine grundlegende Ressource der Kreativität, die uns auch bei der Bewältigung von schwierigen Lebensproblemen zur Verfügung steht. Ihm war es ein besonderes Anliegen, Menschen im Rahmen der Therapie und im Alltag zu ermutigen, über das Imaginieren wichtige Einblicke in die eigenen Seelenprobleme zu erhalten.

Die Arbeit mit Imaginationen

Unter Imagination wird eine Vielzahl von Methoden verstanden, Zugang zur Innenwelt zu finden. Es geht darum, Bilder aus dem Unbewussten aufsteigen und sich von den Botschaften anregen, berühren und helfen zu lassen. Im Weiteren geht es um die verstehende und deutende Arbeit, das in der Imagination Erlebte mit der gegenwärtigen Lebenssituation und den aktuellen Fragen und Problemen in Verbindung zu setzen.

Voraussetzung für erfolgreiche Imaginationsarbeit ist immer eine Grundhaltung von Offenheit und Empfänglichsein; es gilt, etwas aus dem Unbewussten aufsteigen zu lassen und mit den jeweiligen Bildern und Gestalten in einen inneren Dialog einzutreten. In diesem Dialog zwischen den bewussten und unbewussten

Teilen der Psyche kann der Mensch sich selbst, seiner eigenen inneren Wahrheit näherkommen, sich selbst immer besser kennenlernen.

Imaginationsarbeit umfasst im Allgemeinen drei Phasen: Nach einer ersten Phase der Entspannung horcht man entsprechend dem gewählten Vorstellungsbild oder Thema achtsam nach innen, schließt unter Umständen die Augen, lässt Bilder entstehen, die zugleich auch Gefühle ins Bewusstsein bringen, nimmt wahr, was in und mit dem Bild weiter geschieht. In einer dritten Phase der Auswertung geht es darum, das Erlebte zu verstehen und in den Kontext der Ausgangsfrage, des Themas oder der gegenwärtigen Problemsituation zu stellen, als Botschaften des Unbewussten, die wie bei Träumen die Sichtweisen des Alltagsbewusstseins erweitern und kompensieren können.

In der sogenannten Aktiven Imagination wird das Imaginieren nicht durch Vorgaben von Seiten eines Therapeuten gelenkt, sondern die imaginierende Person tritt, entsprechend vorbereitet, in einen aktiven dialogischen Prozess mit den imaginierten Symbolen der Gestalten, erlebt sie nicht nur passiv. Diese besondere Methode der Erforschung des Unbewussten ist eine klassische Jung'sche Methode.[60]

Die heilende Kraft der inneren Bilder

Bilder sind die innere Wirklichkeit des Menschen. Wir haben z. B. innere Bilder, wie wir das Leben als solches sehen – als ständiger Fluss, als Chaos, als eine Art Gefängnis, als Abenteuer. In bestimmten Situationen finden wir es märchenhaft und beglückend, wenn unerwartet wunderbare Dinge passieren, in anderen als bedrückende Tretmühle unbefriedigender Wiederholungen.

Die neuere Hirnforschung hat sich mit der Macht der inneren Bilder beschäftigt. »Unser Hirn«, so der Neurobiologe Gerhard Hüther, »ist ein Bilder erzeugendes Organ.«[61] Die Forschung der Neurobiologie hat herausgefunden, dass die Vorstellung von inneren Bildern die gleichen Hirnregionen zu aktivieren vermag wie reale Wahrnehmungen der Außenwelt. Vorstellungen von angenehmen, positiv getönten Bildern haben spezifische körperliche und auch emotionale Reaktionen zur Folge. Daher werden imaginative und kreative Übungen und Techniken im Bereich der Psychotherapie inzwischen in vielen verschiedenen Therapierichtungen angewandt und weiterentwickelt, besonders im Bereich der Traumatherapie: Manchmal muss mit traumatischen inneren Bildern so gearbeitet werden, dass sie ihre fatale Bannkraft verlieren. Menschen brauchen zur Verarbeitung neue neuronale Erregungsmuster und alternative Bilder, Emotionen und Verhaltensweisen.

Besonders in den tiefenpsychologisch ausgerichteten Therapieformen wird mit »heilsamen« inneren Bildern gearbeitet. Es gibt innere Bilder, die als Symbol bedeutungshaltig sind und spezifische Wirkungen haben; sie können heilsam, tröstend, beruhigend, entlastend, Halt gebend sein, z. B. die Imagination eines Baumes, eines inneren sicheren Ortes, eines Wohlfühlortes in der Natur.[62] Vieles kann für Menschen in schwierigen Zeiten zum Symbol der Hoffnung werden und als inneres Bild Kräfte der Resilienz wecken, z. B. ein Sonnenaufgang oder die Farbe Grün.

Hoffnung verlangt nach aktivem Tun, wie schon die Sprache zeigt: Hoffnung will »geweckt, genährt, geschöpft werden«, damit ein Mensch wieder beginnen kann, sich »Hoffnung zu machen«. Dabei können auch die schöpferischen Kräfte von Phantasie und Imagination wieder zu Hilfe kommen, um Wege und Auswege zu finden.

Innere Bilder können eine ichstabilisierende Wirkung haben. Das Eintauchen in die innere Bilderwelt ist eine wichtige Ressource des menschlichen Geistes. Jedes Bild, jedes Symbol kann in Kontakt bringen mit archetypischen Kräften.

Beim Imaginieren ist die psychische Wahrnehmungsfähigkeit der Intuition von besonderer Bedeutung. Sie hilft, beim Imaginieren Zusammenhänge, Bedeutungen bzw. Lösungen zu entdecken.

Intuition – das tiefe Wissen

In der Analytischen Psychologie wird, wie schon beschrieben, davon ausgegangen, dass Menschen über vier Wahrnehmungs-

und Erkenntnisfunktionen verfügen: Denken, Fühlen, Empfinden und Intuieren. Intuitionen sind Erkenntnisse, die nicht durch Erfahrungswissen oder rationale Überlegungen zustande kommen. Sie ist zugleich eine natürliche Fähigkeit.

Die Intuition ist eng mit dem Unbewussten verbunden und hat als eine Wahrnehmungsfunktion sowohl Zugang zum persönlichen Unbewussten als auch zum Menschheitsschatz des kollektiven Unbewussten. Sie manifestiert sich vor allem auch in plötzlichen »Einfällen«, Phantasien, inneren Bildern und Ahnungen – manchmal blitzartig. Intuition ist oft ein Gespür für etwas Zukünftiges und kann spontan als ein bestimmtes Wort, Bild oder Ahnung ins Bewusstsein treten, ohne dass sich der Einfall näher begründen lässt. Die Intuition antizipiert noch nicht Geschehenes und bringt das Zukünftige so in eine aktuelle Lebenssituation hinein; sie kann eine hellsichtige Vorausschau sein, eine innere Warnung, ein gutes bzw. ungutes Gefühl zu etwas, eine Art »Eingebung«. Das Geschehen, wenn wir intuitiv etwas wissen, begreifen oder erahnen, ist rational nicht erklärbar. Es ist aber oft mit einem starken Gefühl von Gewissheit und Stimmigkeit verbunden.

Intuition als inneres Wissen ist nicht einfach verfügbar, es meldet sich aber umso eher, je mehr wir uns öffnen, uns nicht in gewohnten Bahnen des Denkens und Fühlens bewegen, sondern uns im entspannten und unverkrampften Zustand durchlässiger machen für Botschaften aus dem Unbewussten und dieses als eine Quelle inneren Wissens akzeptieren.

In vielen Bereichen kann die Intuition sich hilfreich zeigen: im Straßenverkehr, bei Ärzt:innen in unklaren Diagnosesituationen, beim Schachspiel, bei der Personalauswahl in Firmen, bei Börsenspekulationen, beim Wiederfinden eines Weges, wenn man sich verlaufen hat, natürlich auch in der Psychotherapie.

Symbolimagination: »Die Reise in das eigene Herz«[63]

Das Herz ist ein universales Symbol und steht für die ganze Person. Darauf wurde in der Einleitung bereits hingewiesen. Mit dem Herzen können wir wahrnehmen, es gilt als Ort der Seele, der Gefühle und des Bewusstseins, und es verweist auf Liebe, Mitgefühl, Hingabe, Lebensenergie und Weisheit. Und ist das Herz nicht ein Mysterium, vom ersten Atemzug bis zum letzten, ist der unermüdliche Herzschlag nicht das Mysterium des Lebens selbst?

Unsere Sprache verfügt über vielfältige Beschreibungen von den Herzensqualitäten eines Menschen. Zahlreiche Adjektive sind hier zu finden: Ein Herz kann weich oder hart sein, warm oder kalt, gütig und großherzig oder engherzig, verschlossen und stolz. Ein Mensch kann treu- und offenherzig sein oder unbarmherzig und herzlos. Was von Herzen kommt, ist echt und ehrlich, was uns zu Herzen geht, betrifft uns ganz zentral. Um etwas Schwieriges anzugehen, muss man sich ein Herz fassen oder dem Herzen gar einen Stoß geben. Dabei ist es wichtig, die Dinge nicht halbherzig anzufassen, sondern aus vollem Herzen Ja dazu zu sagen. Man kann das Herz erobern, es verschenken, verlieren, es kann lachen und weinen, bluten und auch an Kummer zerbrechen. All das macht deutlich: Das Herz ist das Organ, von dem aus alle Gefühle ihren Ausgang nehmen. Vor allem aber steht das Herz für unsere Liebesfähigkeit.

In den mystischen Traditionen der Religionen ist das Herz der Ort der Begegnung mit dem Göttlichen. So lässt Rumi, der große persische Mystiker des 13. Jahrhunderts, Gott sagen: »Ich bin weder in der Erde enthalten noch im Himmel, selbst nicht im höchsten der Himmel. Wisse dies sicher: Im Herzen des Menschen bin ich. Wenn du mich suchst, dort wirst du mich finden.«

Die folgende Übung ist ein Beispiel für eine Imagination mit dem Symbol Herz.

Reise in das eigene Herz

Bevor du die Reise in dein eigenes Herz unternimmst, sorge dafür, dass du für eine Weile ungestört bist. Entspanne dich auf eine Weise, die dir vertraut ist, z. B. indem du eine meditative Musik hörst, dich auf deinen Atem konzentrierst, einfachachtsam wahrnimmst, wie du sitzt, und dann gib dem Körper die Erlaubnis, sich zu entspannen.

Vielleicht magst du deine Hand auf dein Herz legen und spüren, wie es schlägt, in deinem eigenen Rhythmus. Aber neben dem physischen Herzen gibt es das Herz, das du bist, und es hat vier Kammern, so wie das physische Herz zwei Herzkammern und zwei Vorhöfe hat. Du stehst nun vor dem Eingangsbereich zu diesem Herzen. Nimm ihn mit den inneren Augen wahr: Ist es ein offenes Tor, das Zugang zu deinem Herzen gibt, oder ist es eine fest verschlossene Tür, die es anderen schwermacht, in dein Herz zu sehen oder gar hineinzukommen? Stell dir nun vor: Dein Herz hat vier Herzkammern:

- einen Raum, wo du ganz bei dir zu Hause bist, dein verborgenes Selbst,
- einen Raum, wo all dein Kummer, deine verborgenen Nöte und Schmerzen sind, all der heimliche Herzenskummer,
- einen Raum der Liebe, wo all deine Liebeserfahrungen bewahrt sind, die vergangenen und die gegenwärtigen Lieben,
- und dann ist da noch der vierte, tiefste Herzensraum, dein innerer Tempel, der Raum deiner spirituellen Erfahrungen.

Wandere langsam durch alle vier Räume und erkunde, was sie beinhalten. Gehe zuerst in den *ersten Herzraum*: Wie fühlst du dich, hier ganz nahe bei dir selbst? Wie gut kennst du dich, bist dir selbst wohlgesonnen, gehst freundlich, achtsam und wertschätzend mit dir selbst um? Oder fehlt etwas hier, in deiner Beziehung zu dir selbst? Solltest du die Fragen dieses Herzraumes mehr beachten? Besser für dich selbst sorgen? In welchen Lebensbereichen fehlt die liebevolle Achtsamkeit für dich selbst?

Nun trau dich in den *zweiten Herzraum* hinein, wo die Lasten deines Lebens sind, wo all dein Lebenskummer gespeichert ist, alles, was das Herz gekränkt, verletzt, geschmerzt hat und vielleicht noch immer schmerzt. Vielleicht kannst du aber auch entdecken, dass manches hier inzwischen altes Gerümpel ist, Dinge, die das Herz unnötig noch immer schwer machen und belasten. Vielleicht ist es an der Zeit, etwas loszulassen von dem alten, versteinerten Kummer und den alten Schmerzen, vielleicht braucht es dazu eine

Aussöhnung und innere Vergebung. Vielleicht spürst du, dass hier etwas darauf wartet, das du dir selbst oder anderen zu verzeihen hast. Vielleicht braucht manches aber auch noch Zeit, bevor du es loslassen und dich davon frei machen kannst. Vielleicht spürst du aber schon vorab die Erleichterung, die es bedeutet, wenn es so weit sein wird, dass du alten Kummer loslassen kannst. Hab Geduld mit dir selbst. Lass den Wunsch in dir wachsen nach dem Ende der alten Schmerzen und nach Versöhnung, auch wenn du es (noch) nicht kannst.

Nun wende dich um und gehe weiter in die *dritte Herzkammer.* Hier findest du alle deine früheren und gegenwärtigen Lieben. Begrüße sie alle, unabhängig davon, wie kurzlebig oder langlebig sie waren und sind. Freue dich an all diesen Erfahrungsschätzen und spüre, wie es in dieser Herzkammer licht und hell und warm ist. Die Erinnerung an deine Liebesfähigkeit kann deine Hoffnung und deinen Mut, dich mehr auf die Liebe einzulassen, stärken.

Nun wartet auf dich noch die *vierte,* geheimnisvollste, innerste Herzkammer, dein innerer Tempel, der Raum deiner spirituellen und religiösen Erfahrungen und Sehnsüchte. Sieh dich einfach darin um, suche nach der Quelle von Licht, Liebe, Frieden. Vielleicht ahnst oder spürst du hier eine besondere numinose Gegenwart, die vielleicht für dich auch einen eigenen Namen hat. Vielleicht spürst du aber auch nur ein geheimnisvolles inneres Sehnen, und du weißt nicht genau, wonach. Spüre einfach nur, lass alle Gefühle und Bilder zu, die dir vielleicht jetzt in diesem Raum kommen. Erwarte nichts. Sei einfach nur gegenwärtig.

Nun ist es langsam an der Zeit, von dieser Reise in dein eigenes Herz zurückzukommen, in die Gegenwart, ins Hier und Jetzt. Atme tief durch, entspanne dich, spüre deinen Erkenntnissen und inneren Bildern nach und achte besonders auf die Einsichten, die für dein gegenwärtiges Leben wichtig sind.

Beispiele aus der Maltherapie

Malen – mit sich selbst experimentieren

In der Kindheit zeichnen und malen fast alle Menschen mit Begeisterung. Im Laufe des Erwachsenwerdens verlieren jedoch viele den Zugang zum kreativen Ausdruck ihres inneren Erlebens und verlieren damit Spontaneität, Gestaltungsfreude und ein wichtiges Hilfsmittel der Selbsterkundung.

In der Therapie ist der Selbstausdruck durch Malen und Gestalten eine wichtige Möglichkeit zu Selbsterkenntnis und Bewusstwerdung. Dabei geht es nicht um ästhetische Aspekte. Der Sinn liegt vielmehr darin, seelische Inhalte durch das Ausdrücken kennenzulernen und Zugang zu finden zu dem, was die Psychodynamik des Seelenlebens bestimmt. Aus Sicht der Analytischen Psychologie bietet das Malen und Gestalten dem Selbst Möglichkeiten, sich über das Ich hinaus im Bild zu verdeutlichen. Dabei können Kräfte, Ressourcen und Entwicklungstendenzen deutlich werden, die das Ich-Bewusstsein bislang noch nicht kennt.

Arbeit an einem Bild ist »Seelenarbeit an sich selbst«. C. G. Jung sagt über die beabsichtigte Wirkung des Malens: »Die Wirkung, auf die ich hinziele, ist die Hervorbringung eines seelischen Zustandes, in welchem mein Patient anfängt, mit seinem Wesen zu experimentieren, wo nichts mehr für immer gegeben und hoffnungslos versteinert ist, eines Zustandes der Flüssigkeit, der Veränderung und des Werdens.«[64]

Für Jung ist ein weiterer Vorteil des Malens die mit den Hilfsmitteln des Selbstausdrucks gewonnene Autonomie. Es ist »nämlich ein Ansatz zur Unabhängigkeit, ein Übergang zur psychologischen Erwachsenheit. Mit dieser Methode […] kann sich der Patient schöpferisch unabhängig machen. Er hängt jetzt nicht mehr von seinen Träumen ab und nicht mehr vom Wissen des Arztes, sondern, indem er sozusagen sich selbst malt, kann er sich selbst gestalten. Denn was er malt, sind wirkende Phantasien, es ist das, was in ihm wirkt. Und was in ihm wirkt, das ist er selbst.«[65]

Bilder sind Selbstausdruck einer Person, sie konkretisieren Phantasien, erschließen das innere Erleben und heben Verdrängungen auf. Bilder sind hilfreich bei verbalen Blockaden oder bei einer zu einseitigen rationalen Ausrichtung. Sie wirken im Sinne eines Bahnungseffekts für weiteres unbewusstes Material, haben entspannende und kathartische Wirkungen. Sie können bei der Angstbannung helfen, sind Mittel der Selbsterfahrung und fördern den Prozess der Individuation.

Jeder Malende, der sich dem kreativen Prozess des Entstehens eines Bildes überlässt, findet Zugang zu seinen eigenen Ressourcen. Er kommt zugleich in Kontakt mit archetypischen Themen und universalen Menschheitssymbolen, die im Malen einen ihm gemäßen Ausdruck finden. Zur Integration in den Therapieprozess bedürfen sie der gemeinsamen Verstehens- und Deutungsarbeit von Therapeut:in und Patient:in. »Nur durch Besprechen wird Bildersprache zum Klartext, der ein Lebensproblem anspricht bzw. ausspricht.«[66]

Das Entstehen eines Bildes ist oft von intensiven Gefühlen begleitet. Die Schwierigkeiten, die eine Patientin während des Gestaltungsprozesses erlebt, können auch reale Schwierigkeiten in ihrem sonstigen Leben widerspiegeln: z. B. rasches Aufgeben und schnelle Entmutigung oder Tendenzen zur Selbstabwertung bis zur vernichtenden Selbstkritik. Hier sind insbesondere ermutigende, ichstärkende und stützende Interventionen nötig, die die Patientin und ihr Bild vor sich selbst in Schutz nehmen.

Symbolbildung in Bildern

Für das symbolhaltige Bild gilt, so Jolande Jacobi: »Das uns so Geoffenbarte ist nichts Erdachtes und Spekuliertes, aus dem Bereich des Bewußtseins Stammendes, sondern eine Botschaft von der ›anderen Seite‹ unserer Seele, aus dem grenzenlosen Land des Unbewußten, in dem alle Bilder ihren Ursprung haben. [...] Was ein Bild aus dem Unbewußten vor allem charakterisiert und was uns interessiert, ist also eben jenes in ihm enthaltene Element, das mit dem Bewußtsein nur begrenzt faßbar und ausdrückbar ist und uns von den emotionalen Hintergründen der Psyche Kunde bringt.«[67]

Durch das Malen und Gestalten kommt es mit Hilfe der sogenannten Transzendenten Funktion[68] zu einer Synthese von bewussten und unbewussten Inhalten: Bewusstes und Unbewusstes werden auf eine Weise in Beziehung gesetzt, dass schöpferisch etwas Verbindendes, Gegensatzvereinendes im Bild gefunden wird.

Das im Bild Ausgedrückte symbolisiert einen aktuellen inneren Zustand. Über die Symbolbildung wird z. B. eine bestimmte Emotion, ein Komplex oder eine Krise ins Bild gebracht, so dass dann eine bewusste Auseinandersetzung stattfinden kann.

Hinweise zum Verständnis von Bildern

In Therapieprozessen gemalte Bilder sind keine Kunstwerke, sondern sie drücken tiefe innerseelische Probleme und Konflikte aus. Und wenn sie auf den ersten Blick unbeholfen »roh« aussehen und kein besonderes künstlerisches Talent der Malerin oder des Malers erkennen lassen, so bemisst sich ihr Wert auch nicht an ästhetischen Kriterien oder einem zeichnerischen Können. Sie sind einfach Ausdruck eines besonderen Seelenzustandes und seiner Psychodynamik. Aus diesem Grund sind sie auch nur von »innen her« verstehbar. Jolande Jacobi betont, wie wesentlich die Intuition in der Erfassung eines Bildes in seiner Ganzheit ist, neben dem notwendigen methodischen und symbolpsychologischen Wissen.

Nicht selten wird über das Bild eine tief liegende Problematik, der eigentlich Auslöser einer Krise, auf die Bewusstseinsebene »heraufgeholt«. Entscheidend ist also nicht das Künstlerische, sondern die Not der Seele, die im Selbstausdruck gesehen und erkannt sein will. Wesentliche Hinweise zur Maltherapie auf Basis der Analytischen Psychologie sind in den entsprechenden Büchern von Ingrid Riedel und Christa Henzler zu finden.[69] Sie enthalten zahlreiche methodische Hinweise, Beispiele und Bilder. Ein wichtiges Standardwerk einer tiefenpsychologischen Farbenlehre ist auch Ingrid Riedels Buch *Die Symbolik der Farben*[70].

Manche Bilder erhalten ihre spezifische Bedeutung erst im Kontext einer Bildserie und sind erst in diesem Zusammenhang adäquat zu entschlüsseln. Bildinterpretation ist – wie Traumdeutung – vor allem dialogische Kunst, wenn ein gemaltes Bild seinen Ort im Beziehungsraum einer Psychotherapie hat und man sich miteinander auf die Botschaften der Bilder einlässt.

Im Folgenden einige Beispiele für Bilder (die leider nur in Schwarz-Weiß abgedruckt werden können).

Beispiele für Bilder

Bild 1: Krebs

Bild 1 ist die Zeichnung einer Patientin, nachdem sie vom erneuten Auftreten ihrer überwunden geglaubten Krebserkrankung erfuhr. Der Krebs hatte gestreut; an verschiedenen Stellen hatten sich Metastasen gebildet.

Wie ein kleines hilfloses Vögelchen malt sie sich, von schwarzen Todespfeilen von allen Seiten attackiert.

Sie malte das Bild sehr spontan in der Therapiestunde, als sie mir von dem Krebsrezidiv berichtete, völlig panisch.

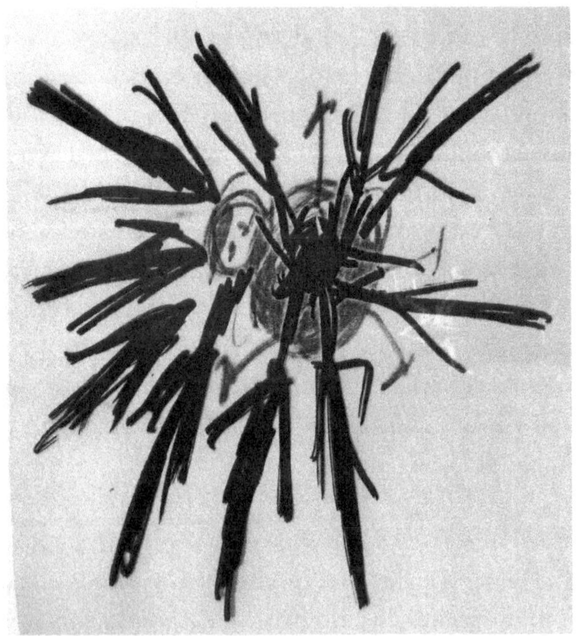

Bild 1: Krebs

Bild 2: Vom Absturz bedroht

Bild 2: Vom Absturz bedroht

Eine Patientin, die immer wieder mit seelischen Abstürzen in einer depressiven Lebensverneinung zu kämpfen hat, malt in diesem Bild, wie schwierig es für sie ist, balancierend das Gleichgewicht zu halten. Von oben und unten fühlt sie Bedrohungen nahen, die sie nur wolkenartig als dunkle Mächte darstellen kann. Sie fühlt sich zwischen oben und unten gänzlich verloren, ohne sicheren Boden unter sich – der Steg unter ihr droht wegzubrechen.

Bild 3: Schweigen müssen

Bild 3: Schweigen müssen

Zu diesem Bild gehört die Aufdeckung eines frühen sexuellen Missbrauchs in der Kindheit der Patientin. Zu sehen sind die schreckweit aufgerissenen Augen, die Hand vor dem Mund, da das Geheimnis noch verschwiegen werden muss. Das Sprechen darüber ist noch nicht möglich. Die Patientin weiß zwar mit einem inneren Entsetzen, was ihr geschehen ist, aber ein tief verinnerlichtes Schweigegebot hält ihr noch den Mund zu.

Bild 4: Eingesperrt

Bild 4: Eingesperrt

Das Bild einer 61-jährigen Lehrerin, frühpensioniert, die unter einer schweren depressiven Alterskrise litt, sich eingesperrt fühlte, völlig vom Leben abgeschnitten. Sich selbst kann sie nur als kaum sichtbares Strichmännchen mit ausgebreiteten, wie nach Hilfe rufenden Armen ins Bild bringen.

Bild 5: Insel mit Bäumen

Bild 5: Insel mit Bäumen

Nach fast zwei Jahren Therapie malt dieselbe Patientin dieses Bild: eine Insel mit festem braunen Grund, klein, ganz von Meer in unterschiedlichen Grau- und Blautönen umgeben. Aber es gibt drei Bäume auf dieser Insel, die anfangen, grünes Laub zu bilden. Sie stehen aber – unsicher – ganz am Rand, noch nicht sicher und fest im Erdreich dieser kleinen Insel verwurzelt, dennoch Ausdruck von Hoffnungskeimen, die sie zu spüren beginnt.

Bild 6: Mandala

Für C. G. Jung sind Mandalas von ganz besonderer Bedeutung. In schwierigen Situationen hat er selbst immer wieder Mandalas gezeichnet. Viele von ihnen sind auch im *Roten Buch*[71] zu finden.

Mandalas sind kreisförmige Gebilde. In verschiedenen Kulturen sind sie als Symbol der Mitte, der Ordnung und der Ganzheit zu finden, zum Teil als heilige Symbole. Neben rituellen und meditativen Aspekten haben sie eine ordnende Funktion für das Unbewusste. Das Malen und Gestalten von Mandalas ist oft ein Versuch, wieder innere Ordnung, innere Struktur zu schaffen, eine Zentrierung in der Mitte zu finden, und wird von vielen Menschen als beruhigend und hilfreich empfunden.

Jung sagt über Mandalas: »Ihr Grundmotiv ist die Ahnung eines Persönlichkeitszentrums, sozusagen einer zentralen Stelle im Inneren der Seele, auf die alles bezogen, durch die alles geordnet ist, und die zugleich eine Energiequelle darstellt.«[72]

Das abgebildete Mandala stammt von einer von Jungs Patientinnen.

Bild 6: Mandala

3. Die Kunst der Traumdeutung

Als ein besonderer Zugang zu den heilenden und belebenden Kräften des Unbewussten gilt in der Analytischen Psychologie C. G. Jungs – wie in allen drei tiefenpsychologischen Richtungen, der Psychoanalyse Freuds, der Analytischen Psychologie Jungs und der Individualpsychologie Adlers – die Arbeit mit Träumen. Auch in vielen Religionen und spirituellen Traditionen wird den Träumen eines Menschen eine besondere Bedeutung zugemessen.[73]

Kulturhistorischer Rückblick zur Traumdeutung

Mit dem erwachenden Bewusstsein der Menschen im Prozess der Evolution taucht in den verschiedenen Kulturen auch die Frage nach der Bedeutung der Träume auf. Werfen wir zunächst einen Blick zurück in die Kulturgeschichte der Traumdeutung.

Aus der Frühzeit der Entstehung von Stadtkulturen rund um das Mittelmeer sind verschiedene Zeugnisse von der Beschäftigung mit Träumen überliefert. Im babylonischen Gilgamesch-Mythos, einem großen Epos der Weltliteratur (ca. 2500 v. Chr.), ist in Keilschrift festgehalten, dass der König von Uruk im Land Sumer, zwischen Euphrat und Tigris gelegen, von Träumen beunruhigt wurde, die ihm seine Mutter deutete. Träume galten als Botschaften der Götter bzw. Göttinnen und kündigten etwas Zukünftiges an. Auch auf den Tontafeln von Ninive aus der Zeit des assyrischen Königs Assurbanipal sind Traumaufzeichnungen zu finden (von 669 bis 662 v. Chr.).

Im Alten Ägypten war die Beachtung der Träume und ihre Deutung ebenfalls eine kultische Angelegenheit. Der Traum galt als Vermittler zwischen der diesseitigen und der jenseitigen Welt, und es wurde zwischen guten Träumen, die dem Gott Horus zugeschrieben wurden, und schlechten, die mit Seth in Verbindung standen, unterschieden. Ein Buch über Träume wird Pharao Merikesa (ca. 2700 v. Chr.) zugeschrieben. Die Ägypter versuchten, Träume über Traumsymbole auszulegen, und verwendeten dabei vor allem Analogien: Ein sonniger Garten im Traum bedeutete Wohlbefinden und Lebensfreude, Blut verwies auf Kampf und Verwundung. Träume konnten auf Gutes oder auf Gefahren hinweisen. So erzählt auch die Bibel, wie Josef am Hof des Pharao dessen Traum als Zukunftsprognose deutete: Die sieben fetten und die sieben mageren Kühe symbolisierten Erntezeiten und Hungersnöte, waren also eine Vorschau auf die Zukunft.

Das antike Griechenland übernahm Teile der ägyptischen und babylonischen Kultur, und so befasste sich auch die griechische Philosophie mit der Bedeutung der Träume. Aristoteles stand Träumen als Botschaften der Götter skeptisch gegenüber. Er ging davon aus, dass Träume mit körperlichen Vorgängen und dem menschlichen Erleben zu tun haben. Er verstand sie als Tätigkeit der Seele im Schlaf, suchte also schon nach einem psychologischen Zugang zu Träumen. Für Platon sind Träume Ausdruck des Gewissens und enthüllen etwas von der Wahrheit der Seele.

Im antiken Griechenland war die Kunst der Traumdeutung eng verbunden mit den Heiltempeln. Vermutlich hatte es schon im Alten Ägypten eine Verbindung von Tempeldienst und Heilkunst gegeben, was in der griechischen Kultur übernommen wurde. Viele Heiltempel waren Asklepios, dem Gott der Heilkunst, gewidmet. Asklepios war vermutlich ein Arzt, der nach seinem Tod im Mythos vergöttlicht wurde. Überall in der antiken Welt entstanden so Tempel als Orte, an denen die Kranken Heilung suchten – besonders berühmt war der Tempel von Epidaurus. Die Pilger, die in den Tempeln Heilung von Krankheiten suchten, hatten sich nach einem Ritual auf einem besonderen Lager (der sog. *klínē* – daher das Wort Klinik) niederzulegen – in der Erwartung und Hoffnung, im Schlaf von den Göttern einen Traum gesandt zu bekommen. Es war dann die Aufgabe der Priester, aus einem solchen Inkubationstraum Hinweise für die Heilung und Behandlung herauszudeuten.

Das seiner Zeit umfassendste Werk zur Traumdeutung stammt von Artemidoros (vermutlich 2. Jh. n. Chr., nach manchen Quellen auch 370–412 n. Chr.), der in seiner fünfbändigen *Oneirokritika* (griech. Traumdeutung) mehr als 3000 Träume nach bestimmten Arten systematisierte und verschiedene Traumsymbole entschlüsselte. Es sind nun nicht mehr nur die Götter, die den Traum schicken, sondern Träume werden auf die Lebensumstände des Träumers bezogen und sollen ihm auch zur Selbsterkenntnis dienen.

Das Verständnis von Träumen im Alten Rom entwickelte sich auf der Basis der griechischen Vordenker. So beschäftigte sich z. B. Lukrez in seinem Werk *De rerum natura* mit der Frage, wie die Tagesbeschäftigung sich auf den Traum auswirkt.

In der Bibel, sowohl im Alten als auch im Neuen Testament, wird von zahlreichen Träumen berichtet. Ein berühmtes Beispiel ist der Traum Jakobs von der Himmelsleiter (Gen 28,10–22). Träume umranken auch die Geburt Jesu. Immer geht es dabei um besondere Botschaften von Gott, als Offenbarung und zugleich göttliche Führung.

Der Talmud belegt, wie ernst Träume im Judentum genommen wurden. Erich Fromm erzählt in seinem Buch *Märchen, Mythen, Träume*, dass es zur Zeit Jesu in Jerusalem 24 Traumdeuter gegeben haben soll. Ein berühmter Satz aus dem Talmud, der Rabbi Chisda zugeschrieben wird, lautet: »Ein ungedeuteter Traum ist wie ein ungelesener Brief.«[74]

Auch in der islamischen Kultur wurden Träume sehr wertgeschätzt. Schon Mohammed soll am Morgen nach dem Gebet seine Anhänger gefragt haben, was sie geträumt hätten, und ihnen dann ihre Träume gedeutet haben. »Damit sind Traum und Traumdeutung im Islam nicht nur sanktioniert, sondern nehmen eine höchst wichtige Stelle im Leben der Muslime ein«[75], so die bedeutende Islamwissenschaftlerin Annemarie Schimmel. Der Traum gilt als Gottesgeschenk, als Trost, Wegweisung, Warnung und als Heilmittel – in der klassischen islamischen Literatur wird mehrfach von Heilträumen berichtet.

Auch in asiatischen Kulturen gibt es Hinweise auf Träume und Traumdeutung. Zur Zeit der Tschou-Dynastie (1100–1050 v. Chr.) philosophierte Tsung-tse, ein Schüler Laotses, über den Zusammenhang von Traum und Leben. Berühmt ist auch der Schmetterlingstraum von Tschuang-tse (4. Jh. v. Chr.): »Einst träumte mir, Tschuang Tschou, ich sei ein Schmetterling. Ein schwebender Schmetterling, der sich wohl und wunschlos fühlte und nichts wußte von Tschuang Tschou. Plötzlich erwachte ich und merkte, daß ich wieder Tschuang Tschou war. Nun weiß ich nicht, bin ich Tschuang Tschou, dem träumte, ein Schmetterling zu sein, oder bin ich ein Schmetterling, dem träumt, er sei Tschuang Tschou.«[76]

Hinweise auf die Vorhersage bedeutender Ereignisse im Traum finden wir auch im Buddhismus. So wird erzählt, dass die Mutter des Buddha einmal geträumt habe, nach einem Bad, mit Blumen geschmückt, in einem Palast zu liegen. Ein weißer Elefant mit einem Lotus im Rüssel habe ihr die Blüte in den Schoß gelegt. Traumdeuter hätten ihr dann die Geburt eines besonderen Menschen vorhergesagt, eines Weisen und Erleuchteten der Menschheit.

Bei verschiedenen indigenen Völkern, z. B. nordamerikanischen Stämmen, sind es die Geister der Vorfahren, die sich in den Träumen melden. Sogenannte Große Träume, besonders von Häuptlingen, Kriegern oder Schamanen, wurden als Botschaften für den ganzen Stamm angesehen. In Träumen meldeten sich auch besondere Schutzgeister, die für den Träumer und sein weiteres Leben von Bedeutung waren. Initiationsträume konnten jungen Männern schamanische Kräfte verleihen und sie auf bestimmte Aufgaben und Rollen für ihren Stamm vorbereiten. Anthropologische Forscher untersuchten die Bedeutung von Träumen z. B. in Neuguinea oder bei den Trobiandern in Melanesien; besonders bekannt, aber auch umstritten, sind ethnologische Berichte über den Stamm der Senoi in Malaysia, in denen es um eine besonders gestaltete Traumkultur im Austausch von Träumen in den Familien ging.[77]

In der Frühzeit des Christentums galt es, entsprechend der biblischen Tradition, die Träume als göttliche Offenbarung zu sehen, wie etwa beim griechischen Kirchenvater Gregor von Nazianz und dem Mönch Evagrius Ponticus.

Am Ende der Spätantike verfallen mit der Christianisierung die Tempel. Das Thema Träume ist nicht länger im öffentlichen Bewusstsein, lediglich in der Beschäftigung von Gelehrten und Philosophen im Mittelalter und in der Renaissance findet es weiter Beachtung, so z. B. bei Augustinus, Albertus Magnus, Ambrosius und Thomas von Aquin. Träume werden als Äußerungen der Weltseele verstanden; häufig wird auf die Texte des Artemidorus Bezug genommen. Unterschieden wird zwischen Offenbarungsträumen und natürlichen Träumen. Thomas von Aquin beschäftigte sich in seiner *Summa Theologiae* mit der Frage, welche verschiedenen Arten von Träumen es gibt, welche Träume von Gott gesandte Vorhersagen künftiger Ereignisse sein könnten und bei welchen Träumen es um Aberglaube gehe.

Mit der Aufklärung gelten Träume zunehmend als nicht ernst zu nehmende Phänomene. Voltaire bezeichnet die These, Träume könnten Zukünftiges vorhersagen, als Unsinn und Aberglauben. Erst in der Romantik, in der alles Gefühlshafte wertgeschätzt wurde und Zeugnisse der schöpferischen Phantasie – Märchen, Mythen, Volkserzählungen – gesammelt wurden, wird wieder ein anderer Zugang zu Träumen gefunden. Man interessiert sich wieder verstärkt für die Träume, so etwa Novalis, Eichendorff, Herder, Tieck, Schlegel, Gotthelf. Auch in Goethes Gesprächen mit Eckermann geht es um die nächtlichen Erfahrungen mit Träumen und ihre Wirkungen. Es entsteht eine umfangreiche Literatur über Träume. Der Traum gilt nun als besondere Tätigkeit der Psyche. Der Begriff des Unbewussten taucht erstmals bei Carl Gustav Carus auf. So schreibt er in seinem Werk *Psyche*: »Der Schlüssel zur Kenntnis des bewußten Seelenlebens liegt in der Region des Unbewußten.«[78]

Die Bedeutung von Träumen aus neurologischer und psychologischer Sicht

Unser Gehirn ist im Schlaf nicht abgeschaltet, sondern hochaktiv. Im Schlaf speichert das Hirn Tageseindrücke und Informationen ab und schafft Verbindungen zu älteren Gedächtnisinhalten und Erinnerungen.

Künstlerische Gestaltungen und wissenschaftliche Entdeckungen basieren zum Teil auf nächtlichen Trauminspirationen; Dichterinnen und Schriftsteller ließen sich von ihren Träumen zu ihren Werken inspirieren. Ebenso geben manche Träume auch wichtige Hinweise auf das Alltagsleben des Träumers, der Träumerin, was vor allem für Psychologie und Psychotherapie von Bedeutung ist.

Träume sind ein psychisches Geschehen, das normal und notwendig für die seelische Gesundheit ist. Sie gehen mit hochkomplexen psychischen und hirnphysiologischen Prozessen einher, bei denen verschiedene Hirnareale zusammenarbeiten und neue neuronale Verknüpfungen entstehen. Wie wir heute aus der psychologischen Forschung wissen, träumt jeder Mensch in der Nacht ein bis zwei Stunden lang, auch wenn es sein kann, dass er sich daran nicht erinnert. Die Fähigkeit, sich an Träume zu erinnern, kann sehr unterschiedlich sein.

Träume haben für die Psyche wichtige Funktionen, etwa Stress abzubauen, die seelische Balance aufrechtzuerhalten, Problemlösungen zu finden und die Identität zu stabilisieren. Wenn ein Mensch träumt, sind die linkshemisphärischen Hirnregionen besonders aktiv, die stärker gefühlsbetont, assoziativ und bildhaft arbeiten; es geht in Träumen daher vor allem um Emotionen, Konflikte und Wünsche.

Ein Traum will erzählt werden, denn so kann er besonders wirksam werden und Lern- und Veränderungsprozesse in Gang setzen, wie auch Michael Ermann betont: »Das Träumen als eine besondere Form des Lernens modifiziert das Gedächtnis. Das gilt für das Träumen an sich, wie C. G. Jung bereits wusste, mehr noch für das Erzählen von Träumen und am meisten für Traumdeutungen, die den Traum für den Träumer in einem neuen Licht erscheinen lassen.«[79]

Wenn wir träumen, eröffnet sich uns eine eigene innere Welt: Hier werden Wahrnehmungen verarbeitet, Anregungen für das Wachbewusstsein gegeben und Probehandeln ermöglicht. Dabei sind Träume nicht an die Grenzen von Raum und Zeit gebunden; manche Träume haben einen Vergangenheitsbezug, einige beziehen sich auf das Hier und Jetzt der Träumerin, andere haben einen zukünftigen, prospektiven Bezug. Oft enthalten sie ein spezifisches inneres Wissen.

Träume haben immer Bezug zur Psychodynamik. Sie geben wichtige Hinweise in Bezug auf den inneren Zustand eines Menschen, zeigen Veränderungen auf und können zu einem Mehr an Einsicht und Selbsterkenntnis führen. Aus diesem Grund ist psychotherapeutische Traumarbeit bzw. das Gespräch über Träume zwischen Psychotherapeuten und Patienten so wichtig.

Die entscheidenden Fortschritte und Grundlagen für die moderne Traumdeutung basieren vor allem auf den Entdeckungen von Sigmund Freud und C. G. Jung.

Traumdeutung: Von Freud zu Jung

Die wichtigste Voraussetzung zum Verstehen und Deuten von Träumen ist die innere Einstellung zum Unbewussten, ist ein Menschenbild, in dem die Seele in weiten Bereichen nicht nur bestimmt ist vom Ich und dem Bewusstsein, sondern auch vom Unbewussten. Zum Verhältnis zwischen dem Unbewussten und dem Bewusstsein haben die verschiedenen tiefenpsychologischen Schulen unterschiedliche Ansätze entwickelt, sie basieren alle auf dem Verdienst von Sigmund Freud und seinem wegbahnenden Werk *Die Traumdeutung* (1900). Als dieses Buch vor mehr als hundert Jahren erschien, fand es zunächst keine besondere Resonanz. Aus heutiger Sicht ist es eines der großen Werke des 20. Jahrhunderts, in zahllosen Auflagen erschienen und sehr vielen Sprachen verbreitet. Der Psychoanalytiker Michael Ermann wertet es als »einen Durchbruch in der Geistesgeschichte des Abendlandes und einen Markstein in der westlichen Kulturgeschichte«[80].

Fünf Jahre lang hatte Freud sich mit der Analyse seiner eigenen Träume befasst. Dann entwickelte er auf dieser Basis den neuen, wissenschaftlichen Zugang zur Traumdeutung. Ihr Ausgangspunkt ist, dass der Traum eine wichtige psychische Funktion hat.

Die Inhalte von Träumen sind weder zufällig noch sinnlos, sondern zeigen unsere Bestrebungen, Wünsche und Gefühle, sind also unbewusst bestimmt und unterliegen der Verdrängung. In der Traumdeutung geht es jetzt primär um die Person des Träumers, der Träumerin, nicht um die Träume als Botschaften von höheren Wesen, wie dies für die Menschen früherer Jahrhunderte im Zentrum stand. Sie befassten sich zwar auch mit der Bedeutung von Träumen, diese waren aber mit ganz anderen, metaphysischen Vorstellungen verbunden und galten als Mitteilungen von Göttern, Ahnen oder Geistern.

Aus Freud'scher Sicht sind es Triebkräfte, vor allem unterdrückte sexuelle Impulse und Wünsche, die latent dem Traum zugrunde liegen, aber im erinnerten, manifesten Traum zensiert werden, quasi verborgen sind. Der erinnerte, manifeste Traum befriedigt Wünsche, die aber mit dem Ich unvereinbar sind. Deshalb findet beim Träumen eine Art Zensur statt, so dass der Traum als Kompromiss zwischen Bewusstem und Unbewusstem entsteht und einerseits Wunscherfüllung ist, andererseits den Schlaf vor erschreckenden Erkenntnissen behütet. Die Quellen der Inhalte der Träume sind körperliche Manifestationen, außerdem Tagesreste von emotional aufgeladenen Erfahrungen sowie Erinnerungsmaterial aus der Kindheit. Wir alle besitzen im Unbewussten einen riesigen Speicher aus Erinnerungen, Erfahrungen und Ereignissen, der bis zurück in die frühste Kindheit reicht.

Freud war, so Ermann, der Erste, der den alten Vorstellungen »eine wissenschaftlich fundierte Traumdeutung entgegensetzte, indem er die Entstehung, die Funktion und die Bedeutung von Träumen auf eine theoretische Grundlage stellte. […] Dieser auf das Individuum zentrierte Ansatz eröffnete ihm grundsätzliche Einsichten in die Struktur und Dynamik der Psyche und führte dazu, dass seine Traumtheorie zur Grundlage einer neuen Theorie des Seelenlebens wurde, die sich mit den Prozessen des individuellen Seelenlebens befasst – der Psychoanalyse.«[81]

Traumarbeit war für Freud, die ursprünglicheren Inhalte des latenten Traums in den manifesten Traumtext zu überführen, da durch primärprozesshafte Verdichtungen, Verschiebungen und sekundäre Bearbeitung Differenzen zwischen latentem und manifestem Traum entstehen und primitive Impulse auf diese Weise verhüllt werden. Es findet also eine Traumzensur statt. Der methodische Zugang zu Träumen wird in der sogenannten freien Assoziation gesucht: Im entspannten Zustand, sitzend oder liegend, soll der Patient seine Aufmerksamkeit ganz auf das richten, was in seinem Bewusstsein auftaucht, ohne Zensur.

War für Freud die so praktizierte Traumdeutung noch die *via regia* zum Unbewussten, richtete sich das Interesse seiner Nachfolger:innen zunehmend auch auf das Ich und seine Abwehrmechanismen, ebenso auf die besondere Bedeutung der therapeutischen Beziehung und die Konzepte von Übertragung und Gegenübertragung. Für Freudianer:innen heute ist die Einsicht bestimmend, »dass der wahrscheinlich entscheidende Wirkfaktor der Psychoanalyse nicht, wie Freud glaubte, in der Rekonstruktion von Erinnerungen und Einsicht durch Deutung liegt, sondern in Beziehungserfahrungen während der Behandlung, welche alte Erfahrungen überschreiben«[82].

C. G. Jung war mit Sigmund Freud lange Jahre fachlich und persönlich eng verbunden und schätzte Freuds Entdeckungen zum Traum sehr. Nach der Trennung von Freud bestand Jungs Lebenswerk darin, in der von ihm so benannten Analytischen Psychologie (zeitweise auch als Komplexe Psychologie bezeichnet) eigenständige Forschungen und Theorien zur Bedeutung und zum Verständnis von Träumen zu entwickeln.

Das Herzstück der Analytischen Psychologie, die Individuation (vgl. Kapitel 1), ist ein Entwicklungsweg, der vom Selbst bestimmt wird. Träume erlauben Einsicht in die unbekannten Seiten des Selbst, geben Hinweise und sind u. a. Hilfen auf dem Weg der Individuation. Jung konstatiert: »Es ist das große Verdienst Freuds, der Traumforschung auf die Spur geholfen zu haben. Er hat vor allem erkannt, daß wir ohne den Träumer keine Deutung vernehmen können. [...] Die weiteren Prozeduren, denen Freud die Trauminhalte unterzieht, muß ich allerdings ablehnen, denn sie stehen zu sehr unter der vorgefaßten Meinung, daß die Träume Erfüllungen ›verdrängter Wünsche‹ seien.«[83] An anderer Stelle kritisiert er: »Daß Träume bloß verdrängte Wunscherfüllungen sind, ist ein längst überholter Standpunkt. Gewiß gibt es auch Träume, die erfüllte Wünsche oder Befürchtungen manifest darstellen. Aber was gibt es nicht alles sonst noch? Träume können unerbittliche Wahrheiten, philosophische Sentenzen, Illusionen, wilde Phantasien, Erinnerungen, Pläne, Antizipationen, ja sogar telepathische Visionen, irrationale Erlebnisse und Gott weiß was sonst noch sein. Wir dürfen nämlich eines nicht vergessen: Fast die Hälfte unseres Lebens spielt sich in einem mehr oder weniger unbewußten Zustand ab.«[84]

Für C.G. Jung ist der Traum eine »spontane Selbstdarstellung der aktuellen Lage des Selbst in symbolisierender Ausdrucksform«[85]. »Die ganze Traumschöpfung ist im wesentlichen subjektiv, und der Traum ist jenes Theater, wo der Träumer Szene, Spieler, Souffleur, Regisseur, Autor, Publikum und Kritiker ist.«[86] Der Traum ist zugleich auch Ausdruck der Kreativität und der schöpferischen Phantasie der Psyche, war Quelle so mancher künstlerischen Inspiration und auch wichtiger wissenschaftlichen Erkenntnisse.

Im Zugehen auf die Deutung bringt Jung die Unterscheidung zwischen Objektstufe und Subjektstufe zur Geltung. Subjektstufe bedeutet, dass alle Teile und Figuren eines Traumes als Aspekte der Persönlichkeit des Träumers, der Träumerin gesehen werden können. Beim objektstufigen Verständnis werden alle im Traum vorkommenden Personen, Gegenstände etc. Teilen der äußeren Welt des Träumers zugewiesen.

Darüber hinaus erweiterte Jung das Verständnis von Träumen in vielerlei Hinsicht: Träume dienen der Selbsterkenntnis, sie haben sinngebende und wegweisende Bedeutung, bilden eine Brücke für den Dialog zwischen dem Bewussten und dem Unbewussten. Sie werden nicht nur retrospektiv gesehen, sondern vor allem auch prospektiv bzw. final, unter dem Blickwinkel der Selbstwerdung und Individuation. Träume verweisen für Jung auf die Selbstheilungskräfte der Seele. Sie können komplementäre oder auch kompensatorische Funktionen übernehmen. So schreibt er: »Da das Bewußtsein allen möglichen äußeren Anziehungen und Ablenkungen ausgesetzt ist, läßt es sich leicht dazu verleiten, Wege zu gehen, die seiner Individualität fremd und nicht gemäß sind. Die allgemeine Funktion der Träume ist, solche Störungen des geistigen Gleichgewichts auszugleichen, indem sie Inhalte komplementärer und kompensatorischer Art hervorbringen.«[87]

Vor allem aber erschließt C. G. Jung den weiten Bereich des kollektiven Unbewussten für die Tiefenpsychologie und spannt mit der Methode der Amplifikation von Traumsymbolen den weiten Raum für das kollektive Wissen der Menschheitsgeschichte auf. Unter Amplifikation versteht die Analytische Psychologie die Bedeutungsanreicherung, Erweiterung und Aufschlüsselung eines Symbols mit Hilfe von literarischen, religionsgeschichtlichen, kulturvergleichenden sinnverwandten Bezügen. Ermann würdigt Jung als denjenigen, der neben Freud »unser Verständnis für Träume als Zugangsweg zur Erkenntnis des Unbewussten am meisten gefördert hat«[88].

Für das Deuten der Träume ist es nach Jung vor allem wichtig, ihre Sprache zu verstehen. Die Traumsprache ist die Sprache der Symbole. Symbole sind Sinnbilder, in denen ein Objekt mit geistigen Inhalten und Bedeutungen zusammengebracht werden. Die Analytische Psychologie hat eine eigene Theorie zum Symbolverstehen entwickelt (vgl. Kap. 2).

Verena Kast betont – in Anlehnung an C. G. Jung – auch beim Träumen die kreativen und schöpferischen Kräfte der Psyche. Sie beschreibt die Bedeutung des Träumens aus Sicht der Analytischen Psychologie so: »Träumen ist eine Art Spiel, das Spiel der aktivierten Imagination im Schlaf. Und worum geht es in diesem Spiel? Es geht um Flexibilität, um Kreativität, um die emotionale und kognitive Orientierung auf Zukünftiges hin, aber auch um das Verarbeiten und Beruhigen von emotionalen Problemen.«[89]

Das tiefenpsychologische Verständnis von Träumen und Traumarbeit

Aus tiefenpsychologischer Sicht eröffnen uns Träume den Zugang zu den unbewussten Bereichen der Psyche. Jeder Traum als Ausdruck der schöpferischen Kräfte des Unbewussten und seine Symbole sind gestaltgewordene seelische Energie.

Träume steigen aus den Tiefen des Unbewussten ans Bewusstsein. Sie sind geheimnisvoll, aber zuweilen auch so eindringlich, dass ihre Botschaft nicht einfach beiseitegeschoben werden kann. Es gibt eine Spannung zwischen dem erinnerten Traum, der noch nicht verstanden ist und noch geheimnisvoll bleibt, und dem Traum, dessen Botschaft erfasst ist. Daher heißt es im Talmud: Ein nicht verstandener Traum ist wie ein ungelesener Brief.

Es gibt verschiedene Arten von Träumen:

- oberflächliche Träume zur Verarbeitung von Tageseindrücken,
- Träume, die Orientierung geben,
- Warnträume,
- Albträume,
- Träume aus dem Bereich des persönlichen Unbewussten,
- Individuationsträume,
- Kollektivträume,
- spirituelle Träume bzw. besondere, sogenannte Große Träume, die von tiefer Bedeutung und Wirkung sind.

Träume sind bedeutende Helfer auf dem Weg der Individuation, denn sie reichen über das Tagesbewusstsein hinaus und können wichtige Impulse aus dem Unbewussten vermitteln, die in bestimmten Lebenssituationen Orientierung ermöglichen. Träume verbinden lebensgeschichtliche Erfahrungen und Erinnerungen, aktuelle Lebenssituation sowie zukünftige Möglichkeiten und Potentiale miteinander.

Der Traum impliziert einen Sinn, er will geahnt, verstanden, angenommen sein, und er spielt über die Grenzen von Raum und Zeit hinweg. In Träumen verdichtet sich die Zeit zu einem besonderen Zugleichsein von Vergangenheit, Gegenwart und Zukunft. Träume sind psychische Integrationsprozesse, quasi nächtliche Therapiestunden. Träume verweisen auch auf die Urmuster menschlicher Erfahrung, die Archetypen (vgl. Kapitel 1).

Der Traum ereignet sich. Wie lang, wie kurz, wie symbolisch verschlüsselt oder in sehr konkreten Bildern er sich zeigt – all das kann die Träumerin nicht beeinflussen, außer in sogenannten luziden Träumen, in denen sich die Träumenden bewusst sind, in einem Traumzustand zu sein und das Traumgeschehen selbst beeinflussen können. Traumbilder und Traumserien sind ein »sehr feiner Stoff«. Sie verflüchtigen sich schnell beim Aufwachen. Daher empfiehlt es sich, für das baldige Festhalten der Traumbotschaften ein entsprechendes Traumtagebuch zu führen. Es gibt Phasen des intensiven Träumens und Erinnerns sowie Zeiten, in denen wir uns kaum die nächtlichen Träume ins Bewusstsein holen können.

Die meisten Träume beschreiben den gegenwärtigen Zustand eines Menschen, seinen Entwicklungsprozess, seine Lebensweise und seinen Bezug zur Welt. In der Sufi-Tradition gibt es den Satz: »Mitten in der Welt, aber nicht von dieser Welt.« »Mitten in der Welt« bedeutet, mitten im Leben zu stehen, sich nicht in einer falsch verstandenen Spiritualität von der Welt zurückzuziehen. Träume können zeigen, wo das Verhältnis zur Welt gestört ist, wenn Menschen sich nicht wirklich auf ihr Leben und seine Herausforderungen einlassen. Die tiefenpsychologische Arbeit mit Träumen zielt auf die seelische Ganzheit des Träumers, der Träumerin hin.

Träume zeigen oft Veränderungen an, die zu einem erweiterten Selbstbild führen, aber auch Ausdruck besonderer Verunsicherung sein können. Ein Beispiel:

Ich bin unterwegs auf einer mir unbekannten Straße. Plötzlich entdecke ich, dass aus meinem Rucksack meine Ausweispapiere verschwunden sind. Ich suche im Rucksack und auch auf dem Weg, aber sie sind weg. Ich erwache mit großer Beunruhigung und der Frage: Wer bin ich denn?

Im Nachdenken über den Traum spürt der Träumer, wie sehr er sich durch die innere Arbeit in der Therapie irgendwie verändert hat, nicht mehr »der Alte« ist, dass die alte Identität sehr in Frage gestellt ist.

Die Traumsprache ist eine symbolische. Symbole als sichtbare Zeichen einer unsichtbaren Wirklichkeit verbinden die innere und die äußere Welt miteinander. Beim Traumverstehen geht es darum, *wie* man sich auf die Botschaften der Träume einlässt. Es erfordert eine besondere Bereitschaft, sich vom Traum berühren, inspirieren zu lassen, nach innen zu horchen und dabei Bereiche der Innenwelt kennenzulernen, die mit dem Alltagsbewusstsein nicht zu erfassen sind.

In der Traumarbeit müssen das Licht und die Erkenntnismöglichkeiten des Bewusstseins mit den Botschaften und Weisheiten des Unbewussten in Kontakt kommen. Bei der Erarbeitung von Bedeutungen ist dabei immer entscheidend, dass die Träumerin erkennt, was für sie stimmig ist, die Botschaft des Unbewussten also vom Bewusstsein erkannt und verstanden wird.

Das Besprechen eines Traumes kann für den Träumer ein subtiler, aber intensiver Wandlungsvorgang sein und mit einer besonderen Einsicht, Selbsterkenntnis, einer veränderten Haltung zu seiner Problemsituation einhergehen. Psychologische Ebene und spirituelle Bedeutungsebene wirken dabei zusammen.

Träume zeugen vom Hintergrundwissen der Seele: So schreibt Ingrid Riedel in ihrem Buch *Träume. Wegweiser in neue Lebensphasen*: »Träume lehren uns immer wieder zu staunen über das innere Wissen unserer Psyche, über ihr Ahnungsvermögen und ihr Vorauswissen von der symbolischen Bedeutsamkeit unseres Entwicklungsweges. Sie erst lehren uns überhaupt, dass es einen Entwicklungsweg, einen inneren Fahrplan des menschlichen Lebens gibt, dessen Phasen und Rhythmen unserer Psyche eingestiftet zu sein scheinen. Dies zu erfahren ist für viele tröstlich und schafft Vertrauen in die größeren und tieferen Zusammenhänge unseres Lebens.«[90]

Der Traum weiß etwas, was das bewusste Ich nicht weiß. Über das nächtliche Traumgeschehen erhält die Psyche Zugang zu den Inhalten des persönlichen und kollektiven Unbewussten, die weit über das Alltagsbewusstsein hinausreichen. Das beschreibt Gisela Rieß sehr treffend: »Traume vermögen Türen zu öffnen zu bisher unzugänglichen Bereichen, Wege zu weisen durch das Dunkel unseres Selbstwerdungsprozesses und unserer Beziehungsgestaltung im Alltag und auf Losungen und Ziele hinzudeuten, die nicht unserer bewussten Vorstellung und Planung entstammen.«[91] Die Beschäftigung mit Träumen geschieht im Grenzbereich zwischen dem Bewussten und dem Unbewussten, wobei sich Traumarbeit im Bereich der Psyche des Einzelnen zwischen dem Selbst und dem bewussten Ich bewegt und besondere Beziehungen zwischen beiden schafft.

Traumdeutung als dialogische Kunst

In der Arbeit mit Träumen tritt das Bewusstsein mit seinen Erkenntnismöglichkeiten in den Dialog mit dem Wissen und der Weisheit der unbewussten Psyche, und erst ihre Verbindung fördert die Ganzheit auf dem Weg der Individuation, lässt Menschen den Weg des Selbstwerdungsprozesses ahnen und entdecken.

Wenn wir von einer Kunst sprechen, so ist zu fragen, was diese denn auszeichnet. Mit dieser Frage hat sich auch Erich Fromm in seinem weltberühmten Buch *Die Kunst des Liebens*[92] im Eingangskapitel befasst: Künste sind zu lernen, und er unterscheidet zwischen dem Erwerb und der Aneignung grundlegender Theorien und Erkenntnisse der jeweiligen Kunst auf der einen Seite und einer langen Zeit geübter Praxis auf der anderen, »bis also die Ergebnisse des theoretischen Wissens und die Ergebnisse der Praxis miteinander verschmelzen – in die Intuition, das Wesentliche in der Beherrschung jeder Kunst«[93]. Gefordert ist das unbedingte Interesse an dieser Kunst und ferner Disziplin, Konzentration und Geduld. Und: »Die eigene Person wird zum Instrument in der Ausübung dieser Kunst und muß in einem Zustand gehalten werden, der der von ihm zu erfüllenden Aufgabe entspricht.«[94]

Diese Aussagen Fromms passen auch zur Kunst der Traumdeutung: Für das theoretische Wissen über die Arbeit mit Träumen gibt es von Jungianerinnen und Jungianern eine reiche Auswahl an Büchern. Und es braucht das unbedingte Interesse für die Psyche, für das Wohl der Menschen, die mit ihren psychischen Problemen den Weg in die Therapie suchen, mit allen Fragen und Schwierigkeiten ihres Lebens.

Auch der Hinweis Fromms, dass für das Meistern einer Kunst der Zustand der eigenen Person besonders beachtet werden soll, gilt m. E. vor allem auch für die Psychotherapie als Heilkunst und für die Arbeit mit Träumen.

Die Kunst der Traumdeutung erfordert eine ganz besondere Art des Zuhörens, das »Hören mit dem Dritten Ohr«.

Hören mit dem Dritten Ohr

»Hören mit dem Dritten Ohr« ist ein Begriff, mit dem der Psychoanalytiker Theodor Reik eine besondere Fähigkeit der Therapeutin bzw. des Analytikers beschreibt. Er erläutert: »Eine der Eigenarten dieses dritten Ohrs ist, dass es auf zwei Kanälen hört. Es kann erfassen, was andere Leute nicht sagen, sondern nur fühlen und denken; es kann aber auch nach innen gerichtet werden. Es kann Stimmen aus dem Innern hören, die sonst nicht hörbar sind, weil sie vom Lärm unserer bewussten Gedankenprozesse übertönt werden.«[95]

Das »Hören mit dem Dritten Ohr« geschieht ganz besonders mit Hilfe der Intuition, auch wenn natürlich alle vier Wahrnehmungsfunktionen in der Arbeit mit Träumen aktiviert werden. Die Intuition vermag den verborgenen Sinn von etwas, das der Traum erzählt und ins Bild setzt, zu erspüren. Das Geschehen, wenn wir intuitiv etwas wissen, begreifen oder erahnen, ist rational nicht erklärbar. Hier kommt es vor allem auf das oft spontane Gefühl von Stimmigkeit und Gewissheit des Träumers, der Träumerin an.

Die Intuition, so wurde in Kapitel 2 bereits deutlich, funktioniert als eine von den Sinnesorganen unabhängige geistige Wahrnehmung und hat Zugang zum Wissen des Unbewussten, auch zu den Archetypen. Intuitionen sind Einsichten und Erkenntnisse, die uns von irgendwoher »zufallen« – als spontaner Einfall oder »Geistesblitz« ans Bewusstsein steigen. In der Arbeit mit Träumen meldet sich die Intuition am leichtesten, wenn wir in einem Zustand der Entspannung sind, in einer »freischwebenden Aufmerksamkeit«, wie Freud es nannte.

Zum »Hören mit dem Dritten Ohr« gehört in jeder tiefenpsychologisch ausgerichteten Arbeit natürlich auch, wahrzunehmen und zu hören, was im eigenen Unbewussten in Resonanz auf den Träumer und den Traum auftaucht.

C. G. Jung betont, dass jeder Versuch, einen Traum zu deuten und zu verstehen, zunächst nicht mehr ist als »eine Hypothese, ein bloßer Versuch der Lesung eines unbekannten Textes«[96]. Im Rahmen einer Therapie lässt man sich im gemeinsamen Gespräch auf den Traumtext ein. Auf Seiten der Therapeutin ist es wichtig, so Verena Kast, dass in der Arbeit »eine Ahnung entsteht, wohin denn die Entwicklung des jeweiligen Menschen gehen könnte. Da hat nicht mehr einer oder eine die Deutungshoheit, sondern in einem gemeinsamen kreativen Prozess können sich Fragen und Anregungen für die Lebensgestaltung und für Problemlösungen ergeben. Ich meine damit nicht, dass Träume einfach Lösungen bereithalten, sie stellen vielmehr Fragen aus einem anderen, neuen Blickwinkel.«[97]

Für die Auseinandersetzung mit der eigenen seelischen Innenwelt benötigen viele Menschen, die in die Therapie kommen, den Therapeuten als Dialogpartner. »Es braucht bei den meisten Menschen ein Gegenüber, sonst ist die Erlebnisgrundlage zu wenig real; der Mensch ›hört‹ sich sonst nicht«[98], sagte Jung in einem Gespräch mit Jolande Jacobi. Träume werden lebendig, wenn sie mitgeteilt werden, dem Therapeuten, einer vertrauten Freundin oder einer Gruppe, in der ein Träumer, eine Träumerin sich sicher fühlt. Im Raum dieser Beziehung findet der Traum eine Resonanz, regt er die Phantasie an, wird er zum geteilten Erleben und Miterleben.

Von den vielen Hinweisen zum Verständnis von Träumen und zur therapeutischen Arbeit mit Träumen ist mir ein Satz Jungs besonders wichtig: Die eigentliche Interpretation des Traumes ist »in der Regel eine anspruchsvolle Aufgabe. Sie setzt psychologische Einfühlung, Kombinationsfähigkeit, Intuition, Welt- und Menschenkenntnis und vor allem ein spezifisches Wissen voraus, bei dem es ebensosehr auf ausgedehnte Kenntnisse wie auf eine gewisse ›intellience du cœr‹ ankommt.«[99]

Vielleicht ist es diese *intelligence du cœr*, die als Herzensweisheit eigene Phantasiekräfte und Intuition bei der Interpretation von Träumen ins Spiel bringt. Wenn ein Mensch mir seine Träume anvertraut, schafft dies eine besondere Verbindung zwischen ihm und mir. Zugleich macht die Suche nach ihrem Sinn und ihrer existentiellen Bedeutung etwas mit uns beiden. Vielleicht lässt es sich so sagen: Ich bin einbezogen in die Traumdeutung, stelle meine Entschlüsselungs- und Verstehensmöglichkeiten zur Verfügung, erhalte Einsicht in die einzigartige innere Welt des anderen, nehme teil an seinen inneren Kämpfen, Nöten, seinem Sich-Weitertasten auf dem Weg der Individuation.

Träume als Wegweiser

Jeder in der Therapie oder Analyse erzählte Traum ist eine besondere Geschichte, die zumeist Sinnhaftes vermittelt. Die Arbeit an einem Traum hat häufig tiefe Wirkungen, ist ein Dialog zwischen dem Bewussten und dem Unbewussten. Sie wird als Anerkennung und Bestätigung für das Unbewusste gesehen und bewirkt verstärkte Zuwendung zu ihm, so dass ein inneres Wissen dabei deutlich wird.

Immer gilt es, nach der Verbindung des Traumes zur gegenwärtigen Lebenssituation des Träumers, der Träumerin zu suchen, so dass der Traum im realen Leben ankommen kann. Die Beziehung der Träumerin zur realen Welt, zu ihrem sozialen Umfeld und ihren Aufgaben im Leben muss stimmig sein, darf nicht blockiert und nicht halbherzig sein. Dann können Träume wichtige Wegweiser sein.

Einige Beispiele mögen den wegweisenden Charakter von Träumen verdeutlichen.

Traum 1: Die falsche Entscheidung

Ich gehe eine Treppe hinunter und komme in den Keller. Es ist alles dunkel dort und irgendwie furchtbar. Ein Mann hält sich dort versteckt. Er kommt hervor und steht dann vor mir. Er schießt mir ganz ruhig geradewegs mitten ins Herz. Ich sterbe nicht und wache auf.

Die Träumerin, eine begabte Musikerin, hat sich nach dem Abschluss ihres Musikstudiums aus Vernunftsgründen dafür entschieden, eine musikalische Karriere nicht weiterzuverfolgen. Ihr Animus – ihr rationaler, sogenannter männlicher Seelenanteil – hatte ihr dazu geraten.

Der dunkle Keller, in dem es »irgendwie furchtbar« ist, wirkt wie ein Totenreich, wie der Hades. Mit dem Entschluss, die Musik aufzugeben, hat sie sich selbst »mitten ins Herz« getroffen. Sie ist todunglücklich, schwer verwundet, stirbt aber nicht daran. Ihr wird klar: Die Entscheidung muss nochmals überprüft werden.

Traum 2: Die Mutter im Haus

Ich stehe vor einem schönen Haus und schaue durch ein großes Sprossenfenster in eine wunderschöne Küche. Durch das Fenster sehe ich meine Mutter. Eigentlich möchte ich selbst in dem Haus sein und meine Mutter soll draußen bleiben. Sie erkennt mich und sieht mich ganz böse an. Ich denke, ich muss sie umbringen, und fange an, vor dem Haus herumzuhüpfen und in die Hände zu klatschen.

Ich wache mit wildem Herzklopfen auf, habe das Gefühl, dass mit der Mutter im Haus meine verinnerlichte Mutter gemeint ist.

Der Traum verweist auf einen heftigen Mutter-Tochter-Konflikt. Die Tochter beneidet ihre Mutter, eine gut situierte Witwe, und fühlt sich zugleich von ihr unterdrückt und bevormundet; sie ist noch nicht in ihrem eigenen »Haus des Lebens«, in ihrer eigenen Küche angekommen. Sie ist in einem Ablösungskonflikt mit der Mutter, zeigt aber vor dem Haus ein kindliches Verhalten und fürchtet sich noch vor dem Blick der Mutter.

Traum 3: Gegen die Verkehrsordnung

Ich fahre mit dem Fahrrad auf der Hauptstraße und halte mich dabei mit einer Hand an einem Auto fest, lasse mich mitziehen. In dem Auto sitzen meine Mutter und meine Oma.

Ein Polizist hält mich an, ich muss eine Strafe bezahlen.

Die Träumerin, eine Studentin, die bei Mutter und Oma aufwuchs und weiter bei ihnen wohnt, ist noch nicht hinreichend selbstständig geworden. Sie sitzt auf ihrem Fahrrad, müsste selbst in die Pedale treten, lässt sich aber stattdessen von dem Auto mitziehen, in dem ihre Mutter und Oma sitzen. Sich auf dem Fahrrad mitziehen zu lassen ist verboten, es verstößt gegen die Verkehrsordnung. Es ist auch gegen die Ordnung des Lebens, sich nicht mit eigener Kraft durchs Leben zu bewegen, nicht selbstständig zu werden.

Traum 4: Gespräch mit dem Seelenvogel

Ich bin in meinem Zimmer und höre ein Geräusch. Ich sehe, dass ein Vogel in meinem Zimmer ist und darin herumflattert. Ich will ihm helfen, wieder hinauszukommen, er ist aber gar nicht so hilflos, wie ich dachte, sondern findet selbst den etwa 15 cm breiten Spalt der Balkontür, wo er reingekommen ist. Er ist dann draußen, kommt aber kurz darauf wieder zurück.

Ich stehe dann in meinem Zimmer und habe den Vogel auf meinem Finger. Es ist ein schwarzer Star, und er hat goldene Punkte im Gefieder. Ich komme in ganz vertrauten Kontakt mit ihm, kraule ihm die Federn, umfange ihn mit der hohlen Hand.

Ich frage ihn, ob das nicht sehr ungewöhnlich ist, dass ein wilder Vogel so vertraut mit einem Menschen wird, zu einem Menschen hinfliegt etc. Wir reden darüber – ich weiß nicht mehr genau, was er sagte. Es ging aber auch darum, dass der Vogel immer dann kommt, wenn ich singe.

Ich wache mit einem beglückten Gefühl auf.

Für die Träumerin, die eine enge Beziehung zu Vögeln hat, war bald klar, dass der Vogel, mit dem sie in diesem Traum spricht, ihr »Seelenvogel« ist.

Schon in der ägyptischen Mythologie ist der Vogel ein Seelensymbol. Ein Text aus der Zeit ca. 2200 v. Chr. überliefert das Gespräch eines Lebensmüden mit seinem Ba, seiner Seele, dargestellt als Vogel mit einem menschlichen Kopf. Auch in den schamanischen Ritualen ist der Vogel ein Seelensymbol, das dem Schamanen erlaubt, die höheren Welten zu erreichen. Allgemein verkörpern Vögel geistige Kräfte, sie bewegen sich im Element Luft, können die Verbindung zwischen Himmel und Erde darstellen.

Das schillernde Federkleid der Stare mit manchmal aufleuchtenden Goldsprenkeln ist ein passendes Symbol für das Geheimnisvolle des Seelenvogels. Im vertrauten Kontakt mit ihm macht die Träumerin die Erfahrung, dass sie ihn mit Hilfe ihres eigenen Gesangs zu sich rufen kann.

Das Singen ist ein Symbol für Frohsinn, Lebendigkeit, Sehnsucht. Der Klang von Musik selbst ist etwas Geheimnisvolles, als Lied in allen Dingen. Singen ist auch Ausdruck von Gefühlen. Und so versteht die Träumerin, die sich mit dem Leben selbst und seinen Gegebenheiten schwertut, was ihr Seelenvogel ihr sagen will: leichter und freier das Leben zu nehmen, vielleicht tatsächlich öfter zu singen und Zugang zum Glücklichsein zu suchen.

Traumarbeit in Gruppen

Auch Gruppen können unter geeigneten Bedingungen Resonanzräume zum Verstehen und Deuten von Träumen sein.[100] C. G. Jung sagt: »Der Traum ist die kleine verborgene Tür im Innersten und Intimsten der Seele.«[101] Entsprechend bedarf es einer Haltung offener und wertschätzender Achtsamkeit, eines mitfühlenden Mitschwingens, einer besonderen Aufmerksamkeit und Akzeptanz in einer Traumgruppe. Oft entfaltet ein Traum erst seine Bedeutungsvielfalt in der unterschiedlichen Resonanz der Gruppe und ermöglicht der Träumerin ein tieferes Verstehen, als ihr allein möglich war. Die Arbeit an Träumen geht auch oft mit überraschenden Einsichten für das eigene Leben einher, wenn es kein eigener Traum war, der gedeutet wird. Träume, die in einer Gruppe erzählt werden, zeigen auch, wie unterschiedlich die individuellen Erfahrungen auf dem Weg der Individuation sind.

Bei der Traumarbeit in der Gruppe gilt es, ohne vorgefasste Meinung zu sein, sich ohne vorschnelles Urteilen und Bescheid-wissen-Wollen, ohne Kritik dem Geheimnis des Traums zu nähern, achtsam und besonders aufmerksam für den Sprechenden und seine Bedürfnisse zu sein und ihn auf seinem Entwicklungsweg zu sehen. Manche Träume sind unmittelbar verständlich, manches muss interpretiert bzw. gedeutet, d.h. seine Bedeutung muss hervorgehoben werden. Für alle ist dabei etwas zu lernen: über die jeweiligen Themen, über die Weisheit des Unbewussten. So wird auch die Selbsterkenntnis durch das, was sich in der Resonanz beim Zuhören und Mitfühlen zeigt und meldet, gefördert.

Träume sind nichts Statisches. Wenn sie sich im kollektiven Bewussten und Unbewussten der Gruppenmitglieder bewegen, zeugt die Gruppendiskussion von ihrer Dynamik: Die Einfälle zum Traum fließen hin und her, Aufmerksamkeitspole verschieben sich, überraschend treten oft scheinbare Nebenaspekte als bedeutsam in den Vordergrund. Nicht selten rüttelt ein Traum an den Denkmustern und Konditionierungen des Träumers oder der Träumerin. Er verweist auf notwendige Befreiungsarbeit von Hemmungen und Beschränkungen, darauf, das Herz zu weiten, mehr ins Zentrum, ins Selbst zu gelangen.

Traumarbeit in der Gruppe braucht einen besonderen Resonanzraum. Die Vieldeutigkeit eines Traumsymbols versetzt immer wieder in Erstaunen, wenn mehrere Gruppenmitglieder ihre Einfälle, Gefühle und Gedanken zu einem Traum mitteilen. Das gemeinsame Verstehen von Träumen wird von der ganzen Gruppe als ein kreativer Prozess erlebt. Es ist zugleich eine besondere Schulung der Intuition. Manchmal gibt es – für die Träumerin und die Gruppe – ein plötzliches Erkennen und gemeinsames Lachen, weil ein bestimmtes Detail sich als vom Unbewussten sehr »humorvoll gewählt« erweist und genau ins Schwarze trifft. In einer Traumgruppe mit Mitgliedern, die miteinander vertraut geworden sind, gibt es eine besondere Resonanz und Anteilnahme, eine Mitfreude, wenn es bei einem Gruppenmitglied einen Durchbruch, eine Einsicht gibt und die Bereitschaft da ist, die Botschaft des Traums für die gegenwärtige Lebenssituation anzunehmen.

Dadurch, dass der Traum im Raum der Gruppe erzählt wird, wird er als solcher gewürdigt und bestätigt. Er hilft der ganzen Gruppe, sich auf die Ebene tieferer Bedeutungen einzulassen, sich quasi auf einer anderen geistigen Schwingungsebene zu bewegen. So können Träume zu einer Lehr-/Lerngeschichte für alle werden.

Ein Beispiel für die Traumarbeit in einer Gruppe:

Traum 5: Die Nuss muss geknackt werden

Ich habe einen Avocadokern vor mir, der aber sehr klein ist, so daumennagelgroß. Es geht irgendwie darum, das Innere des Avocadokerns zu essen. Denn da ist noch etwas drin, so wie manche Pfirsichkerne sich aufspalten und dann nochmals ein weicher, nussartiger Kern drin ist. Es ist aber ein Avocadokern, und ich muss auch noch so eine Haut um den Kern abmachen.

Dem Träumer fällt beim Berichten des Traumes ein bekannter Weisheitsspruch ein: »Wenn die Nuss nicht geknackt und geöffnet wird, kommt man nicht an das wertvolle Nussöl heran.«

Rückfragen, die aus der Traumgruppe an den Träumer gestellt wurden, waren dann:

- »Mit welchem Thema bist du denn gegenwärtig so beschäftigt? Was ist für dich eine Nuss, ein Kern, der zu knacken oder zu schälen ist?«
- »Was kommt dir vielleicht riesig vor, glitschig wie ein Avocadokern, ist aber in der Präsentation des Traumes nur daumennagelgroß?«
- »Was steckt in diesem Problem, dessen Inneres wirklich einverleibt, gegessen und richtig verstanden werden muss?«

Erst solche Rückfragen brachten den Träumer auf die Spur, welches seiner gegenwärtigen Probleme ihm über den Traum nahegebracht wurde, ein Problem, das er immer wieder von sich wegzuschieben versuchte.

Ich selbst schätze die Arbeit mit Gruppen an Träumen sehr, erinnere viele Situationen, wo ich beeindruckt war von der Deutungskunst einer solchen Gruppe, von ihrer kollektiven Intuition.

Spirituelle Traumarbeit

In vielen spirituellen Traditionen waren Träume wichtige Hilfsmittel. In der Vergangenheit galten sie oft, wie oben dargestellt, als göttliche Offenbarungen; auch in der heutigen Zeit kann die Arbeit mit Träumen die Tür zur inneren, spirituellen Welt in uns öffnen.[102]

Bei der spirituellen Traumarbeit, wie ich sie in der Meditationsgruppe des *Sophia-Zentrums für Meditation und Spirituelle Psychologie* in Münster anleite, werden spirituelle und psychologische Ansätze und Betrachtungsweisen miteinander verbunden.

Die spirituelle Bedeutung von Träumen

Manche Träume sind in ihrer symbolischen Bedeutung und ihrem Alltagsbezug leicht verstehbar, es gibt jedoch auch Träume, die als besonders bedeutsam erlebt werden, einen tiefen Sinnbezug haben und mit einem lange nachwirkenden Gefühl erinnert werden. Spirituelle Träume haben oft eine besondere Präsenz im Bewusstsein und eine Dringlichkeit, mitgeteilt und verstanden zu werden.

Spirituelle Träume sind vor allem Träume mit universaler religiöser Symbolik, z. B. Träume von Engeln, Christusbildern und Buddhas oder bei Muslimen Träume vom Propheten Mohammed. Es geht in solchen Träumen manchmal um Stimmen mit einer unabweisbaren Botschaft, die gehört werden will; es kann dabei um Göttinnen und Götter gehen, um Sophia, die Gestalt der weiblichen Weisheit (vgl. Kapitel 7), um Zusammenkünfte mit spirituellen Lehrerinnen und Lehrern. Es sind Träume, die von ihrer Symbolik her auf Religiöses verweisen und den Träumer bzw. die

Träumerin an heilige Orte, in Kirchen, Kapellen, Tempel führen. Manche Träumer haben besondere Lichterfahrungen, oft taucht das Thema der Suchwanderung auf. Ebenso gibt es häufig innige Begegnungen mit Menschen, zu denen eine besondere Beziehung besteht, oder das Zusammensein mit einer besonderen unbekannten Gruppe. Die jeweilige Symbolik hängt u. a. ab von den Symbolen und Inhalten, die in der religiösen Sozialisation erlebt wurden. Spirituelle Träume sind Träume, die für den Träumer oder die Träumerin eine numinose, oft schwer beschreibbare Qualität haben und lange, oft über Jahre, als ein wichtiger, Großer Traum im Gedächtnis bleiben, bis sie oft erst beim Erzählen und Besprechen mit anderen verstanden werden.

Zwei Beispiele sollen den besonderen Charakter von spirituellen Träumen verdeutlichen.

Traum 6: »Stirb, bevor du stirbst«

Ich hänge kopfüber einen Abgrund herunter, hänge mit den Füßen noch in einer Art Holzgeländer fest, bin mit den Fußgelenken dort eingehängt, und zwar weil ich mit den Händen da etwas einsammeln oder aufräumen will. Ich merke dann aber, dass ich mich nicht mehr halten kann, dass mich die Kräfte verlassen, und rufe laut nach Martin, der im Hintergrund ist, zusammen mit Eva. Es ist wie ein Ferienhaus aus Holz, mit einer Veranda, an der Steilküste – da, wo ich drüberhänge. Wasser oder Meer sehe ich aber nicht. Es ist einfach ein Bergabhang, ein Abgrund.

Ich rufe: »Martin, komm ganz schnell her!« Und Martin kommt auch sofort, ich spüre, dass er meine Fußgelenke umfasst und versucht, mich wieder hochzuziehen. Aber er schafft es nicht, ich bin zu schwer. Dann spüre ich, dass Eva versucht, mir ein Seil um die Fußgelenke zu binden und mich festzubinden. Ich selbst lasse dann los, spüre, ich bin bereit zu fallen und zu sterben. Dieses Loslassen hat keinen Schrecken, es ist keine Panik, sondern es ist Erleichterung.

Aber Martin hat mich dann doch irgendwie packen und hochziehen können, und ich falle nicht in den Abgrund.

Die Träumerin ist seit vielen Jahren auf einem transkonfessionellen Sufi-Weg[103]. Zu Beginn des Traumes erfährt sie sich in einer Extremsituation: kopfüber über einem Abgrund hängend. Sie ist jedoch mit irgendetwas beschäftigt, mit den Händen, nimmt keinen Bezug zur Situation des Abgrunds. Erst als die eigenen Kräfte sie verlassen, erfolgt der Hilferuf zu zwei Menschen, die ihr nahestehen und zu Hilfe kommen, aber sie zunächst nicht halten können, sie nicht vor dem Abgrund bewahren können.

Erst als die Träumerin sich auf ihre Situation wirklich einlässt, in einem Akt der Ergebung, des Loslassens, erlebt sie Befreiung von Angst und Schrecken, ist wie erlöst. Ihr Gefühl in diesem Moment ist: »So könnte ich loslassen, sterben, ohne Erwartung menschlicher Rettung.«

Der Traum verdeutlicht eine Aufforderung und Erfahrung auf dem Sufi-Weg: »Stirb, bevor du stirbst.« Für die Träumerin ist das Fallen in den Abgrund ein Symbol für einen plötzlichen Tod. Sie ist sehr tief berührt von diesem Traum, er hat für sie den Charakter einer Mahnung und einer Aufforderung, sich auf das Thema Sterben und Tod wirklich einzulassen, auch wenn sie im Traum zunächst Hilfe und Unterstützung von vertrauten Menschen erwartet.

Der Traum verweist auf die Notwendigkeit, Sterben und Tod im Leben als Realität zu akzeptieren, was zugleich für das Leben selbst öffnet und bereit macht – die *ars moriendi* als *ars vivendi.* »Stirb, bevor du stirbst« bedeutet nicht Todessehnsucht im Sinne der Verneinung des Lebens, wohl aber die innere Befreiung von Lebens- und Todesfurcht bzw. von einem achtlosen Beschäftigtsein, ohne den »Abgrund« zu realisieren, wie zu Beginn des Traums.

Traum 7: Das Göttliche Kind

Ich habe ein neugeborenes Kind vor mir. Es ist mein Kind und gleichzeitig nicht mein Kind. Es ist gleichzeitig auch uralt. Ich frage es nach der Verbindung zum Göttlichen, danach, wo es herkommt. Die Antwort, so weiß ich, gilt auch für mich. Es sagt mir einen Satz – es kann ganz selbstverständlich sprechen –, der mich tief beruhigt, der mir die Verbindung bestätigt. Im Traum versuche ich, ihn mir zu merken, und ich weiß schon, dass das schwierig wird. Es sagt auch noch einen zweiten Satz. Ich kann mir aber beide Sätze nicht merken.

Es geht dann um die Versorgung des Kindes. Ich sage zu jemandem, der/die dabei ist, dass ich ihm jetzt die Brust geben muss und ich gar nicht weiß, wie das geht.

Geburtsträume künden seelische Erneuerung an, und wenn das Neugeborene gleichzeitig uralt ist, tritt es als zum Archetyp des zeitlosen Göttlichen Kindes gehörend in Erscheinung. Der Kindarchetyp konstelliert sich in der Seele nicht selten in schwierigen und bedrohlichen Zeiten und als Ankündigung von etwas Neuem. Zum besonderen Kraftfeld des Archetyps des Göttlichen Kindes gehören Energien der Wandlung, Entwicklungsmöglichkeiten, die aus dem Selbst kommen. Bei Meister Eckhart ist die Gottesgeburt in der Seele ein zentrales Symbol mystischer Erfahrung.

Für die Träumerin ist es klar, dass es ihr Kind ist, gleichzeitig aber auch nicht ihres. Das Neugeborene zeigt in seiner Fähigkeit, mit ihr zu sprechen, seine Besonderheit. Sie kann es befragen, fragt nach der Verbindung zum Göttlichen. Die Träumerin erfährt etwas, das mit ihren innersten Fragen nach dem Göttlichen zu tun hat. Sie erinnert aber nur die Wirkung des Gesprächs, als tiefes Beruhigtsein. Der Inhalt des Gesprächs ist für sie nicht erinnerbar, nur das Thema. Das, wonach sie fragt, bleibt für sie geheimnisvoll. Sie weiß nur, dass sie es als etwas Neues in ihrem Leben nun nähren und pflegen muss, weiß aber nicht, wie das gehen könnte.

Zum Abschluss dieses Kapitels ein Zitat von C. G. Jung: »Die Träume sind die leitenden Worte der Seele. Wie sollte ich daher meine Träume nicht lieben und ihre rätselvollen Bilder nicht zum Gegenstand meiner täglichen Beobachtung machen?«[104]

Teil 2

Die Wirklichkeit hinter der Wirklichkeit erfahren

4. Spiritualität – Transzendenzerfahrung und Selbsterkenntnis

Seit dem Übergang zum 21. Jahrhundert drängen unübersehbar religiöse Themen ins kollektive Bewusstsein. Ein neuer Begriff begann sich dabei durchzusetzen: Spiritualität. Dahinter tauchten die alten Menschheitsfragen auf: Woher komme ich? Wohin gehe ich? Was ist der Sinn meines Daseins? Wer oder was sind wir Menschen in diesem Kosmos?

Spiritualität als Suche nach Sinn und Bedeutung des eigenen Seins spielt heute eine zentrale Rolle. So konstatiert Willigis Jäger, Zenmeister, Benediktinermönch und einer der bedeutendsten spirituellen Lehrer unserer Zeit: »Immer mehr Menschen fragen [...] heute nach dem Sinn ihres Daseins, und die traditionellen Religionen können ihnen darauf kaum mehr glaubwürdige Antworten geben. [...] Der Glaube ›an Gott‹ weicht heute nun der Sehnsucht nach einer spirituellen Erfahrung dieser ›letzten Wirklichkeit‹.«[105] Religionen entstanden, als im Zuge der Entwicklung des menschlichen Geistes die Menschen begannen, nach dem Sinn der Welt und des Lebens zu fragen. Religionen gehörten also zum Prozess der Evolution notwendig dazu. In unserer Zeit aber steht an, so Jäger, »dass wir ein neues Verständnis von Gott, Mensch und Welt zulassen [...]«[106].

Wichtig an diesem spirituellen Aufbruch ist, dass alle mystischen Traditionen zum Kollektiverbe der Menschheit heute werden, dass Menschen, unabhängig von Rasse, Geschlecht, religiöser Sozialisation und kultureller Herkunft sich zu unterschiedlichen spirituellen Wegen hingezogen fühlen und gleichzeitig *religio*, die Rückbindung an etwas Höheres, als Essenz aller religiösen Traditionen achten und wertschätzen. Spiritualität ist nicht an Religionssysteme und Konfessionen gebunden: »Wir besitzen als Menschen in der Tiefe die gleiche Basis, auf der wir den Urgrund des Seins erfahren können, gleich welcher Kultur oder Religion wir angehören«[107], so Jäger.

Nach der Auffassung verschiedener Trendforscher ist Spiritualität zu einer weltweiten Bewegung geworden. Tacey spricht von einer »spirituality revolution«[108], wobei unter Spiritualität vor allem Verbundenheit und Beziehung, Formen des Sich-eins-Fühlens mit einem großen Ganzen sowie eine Transzendierung des Ego und des Individualismus verstanden wird.[109] Letzteres gilt insbesondere für westliche Kulturen. Kritisiert wird zugleich eine »seelenlose Psychologie«, die alle religiösen Fragen und Erfahrungen in ihrem Menschenbild tabuiert hatte.

Lange Zeit stand – bzw. steht auch heute noch – eine Psychologie, die sich auch auf Spiritualität ausrichtet, unter Esoterikverdacht. In analytischen Kreisen gilt dies zuweilen als ungesunde Regression in die Kindheit. Auch die Analytische Psychologie C.G. Jungs wurde in der akademischen Psychologie unter diesen Verdacht gestellt. Dabei ist Jungs Auseinandersetzung mit spirituellen Fragen und Themen lediglich ein Vorgriff auf das, was sich heute, im dritten Jahrzehnt des 21. Jahrhunderts, in neuen und integrativen Konzepten längst etabliert hat: Psychotherapie und Spiritualität zeigen sich verbunden, vor allem im Bereich der Gesundheitspsychologie, in der Medizin, in der Psychotherapie, in der Begleitung von Menschen mit lebensbedrohlichen Erkrankungen, in der Hospizarbeit, der Sterbebegleitung.

Was ist Spiritualität?

Die Begriffe Religiosität und Spiritualität

Das Wort Spiritualität ist ein Begriff mit vielen Sinngehalten. »Spiritualität« verweist in seinem lateinischen Wortstamm *spiritus* zunächst einfach auf »Geist«. Spirituell zu sein, also von Geist bzw. der ursprünglichen *ruach* erfüllt zu sein, heißt: lebendig zu sein. Das hebräische Wort *ruach* bedeutet Atem, Wind, Energie und Leben. Spirituell zu sein heißt, erfüllt zu sein von dem einen Geist, der Lebensenergie, der Kraft des Universums, als Mysterium des Seins. Spiritualität entzieht uns daher nicht der Welt in einer falsch verstandenen Innerlichkeit, sondern bringt uns mit allem in Kontakt und in Beziehung, ist Sehnsucht nach einem umfassenderen Leben.

Spiritualität und Religiosität – zwischen diesen beiden Begriffen gibt es Überschneidungen – sind etwas, das den gesamten Prozess der Evolution begleitet. Archäologische Funde zeugen von dem seit vielen Jahrtausenden erwachenden Bewusstsein der Menschheit, wie es sich in den frühen Bildern und Symbolen von Göttinnen und Göttern, Geistern, Dämonen bis hin zum Glauben an den Einen Gott manifestiert. Spiritualität ist ein universaler Bestandteil der menschlichen Kulturen – von der Frühzeit bis heute und in vielfältigen Erscheinungsformen.

Spiritualität meint vor allem die Freiheit einer eigenen spirituellen Praxis, unabhängig von der Zugehörigkeit zu bestimmten Konfessionen und Kirchen, und gilt heute als der übergeordnete Begriff, der eine Vielfalt von religiösen Phänomenen umfasst. Spiritualität ist religionsübergreifend und traditionsunabhängig und verweist damit auf Tiefendimensionen der Erfahrung, die in vielen Formen von Religion nicht mehr spürbar sind. Neue, west-östliche Synthesen und Verbindungen entstehen an vielen Orten.

Willigis Jäger sagt: »Religiosität ist ein Grundzug unserer menschlichen Natur. Es ist die uns zutiefst eigene Tendenz, uns zum Ganzen und Einen hin zu öffnen. Diese Tendenz teilen wir mit allen Lebewesen, denn sie ist die treibende Kraft der Evolution. Bislang manifestierte sie sich in den vielfältigen Religionen der Welt, denn außerhalb der Religionen gab es über Jahrtausende keine Trennung von Religion und Spiritualität. Jetzt aber erleben wir, dass sich diese religiöse Kraft von den hergebrachten Religionen löst. Ich treffe immer mehr Menschen, die religiös sind, ohne sich zu einer Religion zu bekennen. Darin erkenne ich eine Spur der voranschreitenden Bewusstseinsevolution.«[110] Für Raimon Panikar, wie Willigis Jäger Brückenbauer einer neuen transkonfessionellen bzw. transreligiösen west-östlichen Spiritualität und ein sehr bekannter heutiger spiritueller Lehrer, ist das Wort Spiritualität »eine sanfte Reaktion gegen die Verkalkung der Religionen«[111].

Spiritualität als universales Phänomen

Spiritualität als ein universales Phänomen, das während der letzten 30 000 Jahre weltweit nachweisbare Spuren hinterlassen hat, ist eine anthropologische Konstante. Zum Bedeutungsspektrum von Spiritualität benennt Bucher: Spiritualität als Verbundenheit und Einssein *(connectedness)*, als Beziehung zu Gott oder einem höheren Wesen, als Verbundenheit mit der Natur, als Beziehung zu anderen, als Beziehung zum Selbst, als Formen spezifischer Praxis wie Gebet und Meditation, als paranormale Fähigkeiten und Erfahrungen, wie z. B. Nahtoderfahrungen, und als Selbsttranszendenz.[112]

Spirituelle Praxis gehört heute ganz selbstverständlich zum Alltagsleben vieler Menschen. Das verbreitete Interesse an Spiritualität und der Wunsch nach eigenen Erfahrungen ist auch erkennbar an der wachsenden Zahl von Meditationsgruppen und Meditationsangeboten im Bildungs- und Freizeitbereich. In fast allen Städten gibt es ein breites Angebot an Yoga, Meditations- und Kontemplationskursen, christlichen Exerzitien ebenso wie Zen-Sesshins oder Singen von hinduistischen Mantras. Die Zahl der Menschen, die ganz selbstverständlich Zeiten der Stille, des Rückzugs und der Meditation in ihren Tagesablauf einplanen, wächst ständig. Auch der Bereich der Fort- und Weiterbildung bis hin zu Supervision und Coaching von Managern bietet heute ganz selbstverständlich Qigong-Übungen oder buddhistisches Achtsamkeitstraining an.

Die Vielfalt und Unterschiedlichkeit dieser Meditationsgruppen und Angebote macht auch deutlich, wie groß das Bedürfnis heutiger Menschen nach spirituellen Erfahrungen, nicht nach Glaubensangeboten, ist und wie sehr die mystischen Traditionen des Ostens und Westens zum Kollektiverbe der Menschheit werden, unabhängig von religiöser Erziehung oder kulturellem Umfeld. Vielen spirituell Interessierten ist es heute möglich, für alle religiösen Traditionen der Welt offen zu sein. Dies gilt vor allem für Menschen der westlichen Hemisphäre.

Nach einem heutigen Spiritualitätsverständnis sind wir Menschen eine Form inkarnierten Bewusstseins, das sich nach außen und nach innen richten kann. Im transpersonalen Bewusstseinsraum erfährt sich der Mensch in Verbundenheit als Teil eines größeren Ganzen. Dies entspricht auch den Erkenntnissen der heutigen Naturwissenschaften. Es geht um eine Verbundenheit mit einem größeren Ganzen, mit der Natur, der Seele, Gott, dem Göttlichen, und dies geht nicht unbedingt mit Gläubigkeit oder mit Bezug zu einer der etablierten Religionsformen einher.

Spirituelle Themen tauchen häufig dann auf, wenn die gewohnten Lebensmuster durchbrochen werden und das Leben fragwürdig wird. Auslöser können verschiedene Formen von Krisen und lebensverändernden Ereignissen sein, Erfahrungen, die über das Alltagsbewusstsein hinausgehen, oder auch eine wachsende Unzufriedenheit, die Erfahrung von Mangel, eine wachsende Unruhe und ein Gefühl, dass etwas Wesentliches im Leben fehlt. Dann machen manche Menschen sich auf die Suche: Es ist eine Suchbewegung in die Tiefe, in den Bereich von Religiosität und Transzendenz. Spiritualität kommt in solchen Wünschen nach mehr Tiefe und umfassenderer Selbsterkenntnis zum Ausdruck.

Spirituelle Übungswege sind Wege, die lebenslang beschritten werden und den Menschen dabei nach innen führen, in andere Bewusstseinsräume, und ihn von dorther verändern. Es geht darum, die Wirklichkeit hinter der Wirklichkeit zu erreichen, Erfahrungen in einem transpersonalen Bewusstseinsraum zu machen, die wir mit Begriffen unserer Alltagssprache und den Konzepten der Ratio gleichwohl nicht fassen können.

Lebensrelevante Aspekte gelebter Spiritualität sind: Zeiten und Orte für Stille und Schweigen, der Aufenthalt in Kirchen, Kapellen und an besonderen Orten in der Natur, Pilgern, Musik, Lichterfahrungen wie das Anzünden einer Kerze, Askese als bewusster Verzicht auf Konsum, Gewohnheiten zu durchbrechen, feste Zeiten der Meditation, Fasten, das Lesen von spirituellen Texten.

Spirituelle Übungspraxis wirkt sich auf das Verständnis des Menschseins aus, macht Menschen oft gelassener, toleranter, lässt das Einmalige des eigenen Seins deutlich werden, ermöglicht Erfahrungen in den verschiedenen Formen spiritueller Praxis. So gilt der Satz: Wir sind spirituelle Wesen auf der Ebene menschlicher Erfahrungen, in einem Energiefeld mit dem Kosmos verbunden. Willigis Jäger sagt es so: »Wir sind göttliches Leben, das diese menschliche Erfahrung macht, das sich eingegrenzt hat in die Form menschlicher Existenz.«[113] Für ihn ist Meditation die wichtigste spirituelle Übungspraxis. In der Meditation wird das Bewusstsein zu einem Spiegel, der sich mit nichts identifiziert – reine Präsenz. »Die wichtigste Erkenntnis und Erfahrung auf dem spirituellen Weg«, so Jäger, »ist die Tatsache, dass es kein dauerhaftes Ich gibt.«[114]

Spiritualität im Gesundheitsbereich

Auch im Gesundheitsbereich ist Spiritualität von wachsender Bedeutung. Krankheit und Gesundheit betreffen alle Seinsebenen. Zwar tun sich die Gesundheitswissenschaften zum Teil noch schwer damit, Spiritualität und Gesundheit in einen auch forschungsrelevanten Zusammenhang zu bringen. Aber die Grenzen zwischen Gesundheits-, Wellness- und Therapieangeboten, zwischen ressourcenorientierten Ansätzen, alternativen Heilweisen und traditionellen westlichen medizinischen Behandlungskonzepten sind fließend geworden.

Bereits 1995 wurde in einem Positionspapier der Weltgesundheitsorganisation (WHO) die Lebensqualität als multidimensional und mindestens vier Kategorien umfassend beschrieben: physisch, psychisch, sozial und spirituell. Die spirituelle Dimension in einem zeitgemäßen Paradigma von Gesundheit wird auch von Steinmann in der Studie *Spiritualität – die vierte Dimension der Gesundheit*[115] besonders herausgearbeitet.

Vor allem die amerikanische Fachliteratur bietet mittlerweile umfangreiche Forschungen zur gesundheitlichen Bedeutung von Spiritualität. Gesundheitliche Auswirkungen von spiritueller Praxis und Lebensorientierung sind empirisch belegt, z. B. Stressreduktion, Verringerung von Herz-Kreislauf-Erkrankungen, gestärkte Immunabwehr, Reduktion von Infarktrisiken, geringerer Medikamentenbedarf, seltenere Krankenhausaufenthalte, Depressionsminderung sowie Verlängerung der Lebensdauer.[116] Auch zum Zusammenhang von Spiritualität und dem Verlauf von Krebserkrankungen gibt es zahlreiche Untersuchungen.[117] Für viele Menschen sind Spiritualität und Religiosität wichtige Ressourcen, besonders aber im Kontext von Krankheit, Alter, Sterben und Tod. Sie wünschen sich dabei Begleitung.

Eine lebensbedrohliche Erkrankung wie z. B. Krebs bringt viele Betroffene dazu, ihr Leben auf den Prüfstand zu stellen. Die Krankheit setzt Grenzen in der Planbarkeit des eigenen Lebens, verändert Prioritäten. Sie kann als besonderer Anruf des Lebens verstanden werden, Wichtiges und Unwichtiges anders zu bewerten und kritisch nach dem *Sinn* der eigenen Lebensweise zu fragen. Eine solche Erkrankung ist für viele Menschen ein *memento mori*, das sie mit der Verletzlichkeit und Endlichkeit des Lebens konfrontiert.

Gerade in Lebenskrisen, in den Übergangssituationen und Bruchstellen des Lebens, bei plötzlichen Verlusten eines geliebten Menschen oder der Diagnose von lebensbedrohlichen Krankheiten, bricht die Sinnfrage auf. Krisen gehen einher mit Gefühlen des existentiellen Ausgeliefertseins, der Ohnmacht und Bedrohung. Schicksalsschläge und plötzliche lebensverändernde Ereignisse sowie die Unfähigkeit, sie mit den eigenen Mitteln zu bewältigen, sind häufig der Anlass, weshalb Menschen therapeutische Hilfe und spirituell ausgerichtete Begleitung suchen.

Spiritualität und Transzendenz

Das Stichwort Transzendenz taucht in den meisten Veröffentlichungen als ein Unteraspekt von Spiritualität auf. Etymologisch steht Transzendenz mit lat. *trans* = über, hinüber, und *scandere* = ersteigen, erklettern, in Verbindung, d. h. bildlich gesehen geht es um eine Grenze, die überwunden wird. Mit dem Begriff »Transzendenz« ist aber auch das Absolute, Göttliche, die Erste Wirklichkeit selbst gemeint.

In Theologie und Philosophie ist Transzendenz der Bereich, der jenseits der sinnlichen Erfahrung liegt. Das komplementäre Begriffspaar Immanenz und Transzendenz verweist auf die fundamentale Verschiedenheit der beiden Bereiche des Diesseitigen und des Jenseitigen, mit der man sich in der Vergangenheit immer wieder auseinandergesetzt hat: von Platons Ideenlehre in der Antike über die Kirchenväter, die mittelalterlichen Philosophen bis hin zu Denkern der Neuzeit wie z. B. Kant, Hegel, Scheler und Jaspers. Die metaphysischen Vorstellungen einer Transzendenz Gottes werden im Verlauf der Geschichte durch ein anthropologisches Transzendenzkonzept ergänzt, als Streben des Menschen über sich selbst hinaus.

In der Postmoderne wird Transzendenzverlust als ein Sinnverlust beklagt, als spirituelle Krise, als Verlust von Geborgenheit im Leben.

In einem heutigen, sehr erweiterten Verständnis bedeutet Transzendenz auch das Überschreiten der Ich-Grenzen in einem universalen Bezogensein, z. B. in der Verbundenheit mit einem Menschen, den man liebt, aber auch in der Auseinandersetzung mit dem Unbewussten: »Transzendieren hat [...] sehr viel damit zu tun, daß wir unser Ich aufgeben können und dennoch in voller Selbstgewissheit leben können. Wir öffnen uns einem größeren Ganzen, der Welt, den Mitmenschen, dem Unbewußten.«[118]

Mystik: Transzendieren des alltäglichen Bewusstseins

In den Ohren der meisten Menschen klingt »Mystik« nach etwas Unklarem, Mystisch-Verschwommenem jenseits der Alltagswirklichkeit, gilt sie zuweilen als etwas Esoterisches. Doch was ist »Mystik«?

Mystik (von griech. *mýein* – sich schließen, die Augen schließen) kann verstanden werden als ein persönliches Erleben eines Absoluten, eine unmittelbare Beziehung zum Göttlichen auf der inneren Erfahrungsebene, die das intellektuelle Erfassen transzendiert. Viele Mystiker und Mystikerinnen haben ihre Not erklärt, mystische Erfahrungen in Sprache zu bringen. Und so ist es auch hier schwierig, Mystik zu beschreiben.

Mystik ist eine Erfahrung, dass sich dem Menschen etwas offenbart, als Absolutes, Umfassendes, als eine Wirklichkeit, von der Worte und Begriffe nur Teilaspekte fassen können. Evelyn Underhill beschreibt in ihrem grundlegenden Werk *Mystik* als einen Entwicklungsweg des Selbst, der sich durch Erwachen, Innenkehr, Konzentration, Kontemplation, ekstatische Erfahrungen, Erleben der Dunklen Nacht der Seele bis hin zur *unio mystica* vollziehen kann.[119]

In den Beschreibungen von mystischen Erfahrungen, ob sie nun als Erleuchtung, *unio mystica*, Samadhi, Einheitserfahrung oder psychologisch als Gipfelerlebnisse bezeichnet werden, geht es immer wieder um das Transzendieren des alltäglichen Bewusstseins. Dies kann mit besonderem Energieerleben von Hitze, Feuer und Licht (Kundalini-Erfahrungen) verbunden sein. Es können Begegnungen mit göttlichen Gestalten sein oder auch ein tiefes Sich-verbunden-Fühlen mit allem in tiefem Frieden, in Freude und in Liebe.

Mystische bzw. spirituelle Erfahrungen werden in allen Traditionen mit den gleichen, archetypischen Bildern beschrieben:[120]

- als Übergang vom Traumschlaf des normalen Bewusstseins zum Erwachen,
- als Weg von der Dunkelheit zum Licht,
- es sind Bilder von der Zerstreuung und Fragmentierung hin zur Ganzheit und psychischen Vollständigkeit,
- vom Zustand des Getrenntseins hin zur Erfahrung der Einheit und dem Zusammengehören der Gegensätze,
- vom kleinen Ich, dem Ego, hin zum umfassenden Selbst,
- es sind Bilder vom Unterwegssein, von der Reise, der Suche oder Quest und von der Einmündung des Flusses in den Ozean,
- von der Heimkehr aus der Fremde, dem Exil,
- von Sterben, Tod und Wiedergeburt als Wandlungsgeschehen, als »Stirb und werde«,
- von den Illusionen hin zur Erkenntnis, zur Wahrheit eines vor allem von Liebe bestimmten Lebens.

Mystische Erfahrungen sind »innere Umarmungen der Liebe«, wie Mystikerinnen und Mystiker es beschrieben haben oder wie es Raimon Pannikar sagt: »Gott bringt sich zur Erfahrung in mir.«[121] Es gilt, sich von mystischen Erfahrungen auch verwandeln zu lassen. Aber es geht nicht nur um die ganz besonderen »tiefsten« Erfahrungen. Dies geschieht im Unterwegssein. Wolfgang Böhme betont: »Man sollte Mystik nicht von den Höhepunkten her beschreiben, von der Vereinigung der Seele mit Gott, wie sie die Mystiker erfahren haben. Man sollte sie vom Weg her beschreiben, auf dem sich viele befinden. So kann sich jeder mit den Erfahrungen einbringen, die er jetzt schon hat, und Ermutigung erhalten, weitere Erfahrungen zu machen.«[122]

Die Herausforderung der spirituellen Praxis besteht darin, über die Grenzen des Alltagsbewusstseins hinauszugelangen – wo auch immer. »Das Mysterium findet im Hauptbahnhof statt«, so Joseph Beuys.

Natürlich gibt es im Bereich der spirituellen Erfahrungen und der Bewusstseinserweiterung auch manchmal psychische Krisen, die der Verstehenshilfe von Menschen bedürfen, die selbst hinreichende Erfahrungen in diesen Bereichen gemacht haben. Das von Liane Hofmann und Patrizia Heise herausgegebene Handbuch *Spiritualität und spirituelle Krisen*[123] gibt einen sehr guten und umfassenden Einblick in dieses Thema. Es gibt Krisen durch ein spirituelles Erwachen, das begleitet ist von besonderen Erfahrungen von Licht, Freude, Energiefluss und innerer Gewissheit. Manche Menschen erleben solche Momente als Ende eines langen Suchprozesses, sie fühlen sich »wie erlöst«, für andere sind es neue, beunruhigende Erlebnisse, die in einen Krisenzustand führen, weil sie auch beängstigend und rational nicht begründbar sind.

Mystische Erfahrungen – im Zen, in der christlichen Mystik, im Hinduismus, in der jüdischen Mystik, im Sufismus – sind ihrem Wesen nach Erfahrungen eines Absoluten, von der in allen Kulturen berichtet wird. Sie sind nicht eine Zunahme an Erkenntnis und Wissen, sondern eine *andere Form* des Erkennens und Verstehens. Mystik ist »nichts anderes als die Realisation der

Wirklichkeit«[124], so Willigis Jäger, sie ist ein Sprung auf eine höhere Bewusstseinsebene im Sinne der Evolution, eine Entwicklung von der personalen zur transpersonalen Ebene. Spiritualität ist heute vor allem eine Frage des Bewusstseins. Vor dem Hintergrund des von Jean Gebser[125] entwickelten Modells umfasst das heutige integrale Bewusstsein alle vorherigen Stufen: das archaische, mythische, magische und das mentale Bewusstsein. Für das Leben und Überleben auf diesem gefährdeten Planeten ist der Sprung von der mentalen, personalen, ichbezogenen Ebene zur Verstehensebene eines integralen Bewusstseins lebensnotwendig.

Das 21. Jahrhundert kann ein Zeitalter der spirituellen Entwicklung der Menschheit sein, ein Zeitalter der Mystik, auf dem Weg der nächsten Entwicklungsstufe des Bewusstseins. Vielfach bekannt sind die prophetischen Worte von Karl Rahner: »Der Fromme von morgen wird ein Mystiker sein, einer der etwas ›erfahren‹ hat, oder er wird nicht mehr sein.«[126]

Zeitgemäße Spiritualität

Das Kennzeichnende einer Spiritualität des 21. Jahrhunderts ist das Transkonfessionelle, Universale, es sind die Religionen und Kulturen übergreifenden neuen Synthesen und Verbindungen. Globalisierung und postmoderner Zeitgeist beeinflussen auch den Bereich von Religion und Spiritualität. Die Globalisierung bewirkt, dass östliche und westliche Formen von Spiritualität sich weltweit im Dialog und Austausch befinden und dass kreativ neue Formen von spiritueller Praxis entwickelt werden. Ein heutiges Verständnis von Spiritualität sieht die Vielzahl spiritueller Wege als Wege zum selben Ziel, in ihrer Essenz nicht verschieden, unabhängig davon, ob sie personale oder apersonale Bilder eines göttlichen Urgrundes, der Leere, des Absoluten, des Göttlichen verwenden, ob sie sich als Liebesmystik verstehen oder als Bewusstseinsschulung.

Die meisten heutigen Menschen auf dem spirituellen Weg lehnen Traditionalismus, Fundamentalismus und Dogmatismus ab, sie lassen sich vielmehr leiten von einer Sehnsucht im Herzen, die Wirklichkeit hinter der Wirklichkeit zu erfahren und ihr Bewusstsein zu weiten. Das ist der innere Kern aller spirituellen, mystischen Wege. Wayne Teasdale beschreibt dies mit den Worten: »Spirituell zu sein bedeutet letztlich, Verantwortung für die innere Reise zu übernehmen, während wir alle Ressourcen von allen uns zur Verfügung stehenden Traditionen nutzen. Sie sind unser gemeinsames Erbe, sie gehören uns allen.«[127]

Sichtbare Anzeichen für ein solches neues Verständnis von Spiritualität sind erkennbar in:

- dem zunehmenden Gespür für und der wachsenden Einsicht in die mystischen Gemeinsamkeiten aller Religionen,
- einem wachsenden ökologischen Bewusstsein,
- einer zunehmenden Sensibilität gegenüber Umweltzerstörung und dem problematischen eigenen Lebensstil in der westlichen Welt,
- einer klaren Erkenntnis der wechselseitigen Abhängigkeit aller Systeme und Lebensformen,
- den weltweiten Wellen von Mitgefühl und Hilfsbereitschaft, wenn Gebiete der Erde von Katastrophen wie Erdbeben betroffen sind,
- der Vielfalt der Formen praktizierter Spiritualität im Alltag vieler Menschen,
- der Entwicklung eines neuen Weltbilds auf Basis der Naturwissenschaften.

Aus Sicht einer globalen, transkonfessionellen Spiritualität geht es um die Erkenntnis, dass alles durchdrungen ist von der EINEN Urwirklichkeit. Auf der Ebene des personalen Bewusstseins gibt es ein Ich, Du, Wir. Auf der Ebene der mystischen Erfahrung dagegen ist Nondualität, *unio mystica*, das EINE, der Urgrund, die Wirklichkeit hinter der Wirklichkeit, die »erste Ursache« (Dionysius Areopagita). Willigis Jäger spricht hier von der »Ersten Wirklichkeit«: »Nur in unserem Menschsein treten wir mit der Ersten Wirklichkeit in Kontakt, die wir ›Gott‹ nennen können. Im Gras manifestiert sich diese als Gras, in der Blume als Blume, im Baum als Baum, in uns aber manifestiert sie sich als Mensch.«[128]

Alle von uns wahrgenommene Vielfalt der Formen hat letztlich keine eigene Realität; wenn die Einheit in der Gesamtheit der Dinge nicht erkannt wird, sind es Illusionen, Maya, Projektionen unseres Bewusstseins. Gleichwohl entzieht sich die Einheitserfahrung letztlich der vermittelnden Beschreibung. »Das Tao, das mitgeteilt werden kann, ist nicht das ewige Tao«[129], sagt Laotse in der ersten Zeile des Tao te King, und in den Upanishaden heißt es: »Dorthin dringt nicht das Auge, nicht die Stimme, nicht der Geist. Wir wissen nicht, wir verstehen nicht, wie man das lehren könnte.«[130]

Das heutige neue Weltbild

Das alte Weltbild, das auf Descartes und Newton zurückging, hatte uns eine mechanistische Sichtweise von Wirklichkeit vermittelt: Das Universum und die Welt galten als eine riesige, von den Gesetzen der Bewegung regierte Maschine. Die neuen Erkenntnisse der Physik haben dieses mechanistische Weltbild weitgehend überholt.

Die Newton'schen Gesetze und die bis dahin geltenden physikalischen Begriffe von Energie, Masse, Zeit und Raum erwiesen sich nur innerhalb bestimmter Grenzen als gültig. Materie kann also nicht länger als feste Substanz betrachtet werden – die Bausteine unserer Welt sind Schwingungs- und Energiemuster, mathematisch beschreibbare Wahrscheinlichkeiten auf subatomarer Ebene. Geist und Materie sind letztlich nicht trennbar, die Erde insgesamt ist ein lebendiger Organismus, ein sich selbst steuerndes System. Die neuere Physik hat damit einen dramatischen und fundamentalen Wandel unseres Weltbildes vorbereitet. Das neue Weltbild, das sich innerhalb der modernen Physik entwickelt hat, lässt sich am ehesten beschreiben mit Begriffen wie ganzheitlich, ökologisch und harmonisch.

Grundlegend für das neue Weltbild sind vor allem die Relativitätstheorie und die Quantentheorie, die Theorie der Selbstorganisation und Autopoiesis, die Evolutionstheorie, die Systemtheorie, die Theorie der morphogenetischen Felder und die Hologrammtheorie. Jedes menschliche Wesen, als ein Teil der in diesen Theorien beschriebenen Prozesse, ist ein Knotenpunkt in einem System von ständigem Informationsaustausch; es ist in all seinen Lebensvollzügen eingebettet in das Ökosystem Mensch–Universum, in den ganzen Kosmos. Alles befindet sich darin in einem Zustand des Werdens und Vergehens, in einem kosmogenetischen Prozess, von dem wir heute auf der Grundlage von Astrophysik, Quantenphysik, Chaostheorie und Ökologie mehr wissen als die Menschen vor uns. Wesentliche Zugänge zu den Erkenntnissen der Quantenphysik und einer quantenphysikalischen Weltbetrachtung verdanken wir dem Physiker Hans-Peter Dürr, Träger des Alternativen Nobelpreises. Wichtiges erläutert er in seinem Buch *Wir erleben mehr als wir begreifen*[131].

Wenn die alten Strukturen zerbrechen und die traditionellen Formen verschwinden, dann tritt genau in diesem Prozess eine neue Form, eine Struktur, eine neue Seins- und Bewusstseinsordnung hervor. Wir kommen in ein neues Zeitalter. Das Entscheidende ist ein neues Verständnis des Universums als ein von Bewusstsein durchdrungenes Energiefeld.

Die Erforschung der atomaren und subatomaren Wirklichkeit hat gezeigt, dass die alten Trennungen von Subjekt und Objekt, Geist und Materie, Bewegung und Ruhe, Existenz und Nichtexistenz begrenzte Wahrnehmungsmuster unseres Bewusstseins darstellen. Das Universum zeigt sich uns heute als ein umfassender Prozess, als ein energetisches Aktivitätsmuster, wobei die Muster, unabhängig davon, ob es sich um Sonnensysteme, Planeten, Meere, Kontinente, Pflanzen, Tiere, Menschen, Zellen oder Atome handelt, Erscheinungen eines ganzheitlichen Prozesses wechselseitiger Beziehungen sind.

Unser Planet selbst kann insgesamt als ein lebendiges Wesen gesehen werden, entsprechend der sogenannten Gaia-Hypothese: mit uns allen, mit der Luft, der Erde, den Ozeanen, als ein komplexes lebendiges System der Selbststeuerung und Selbstorganisation. Objekte haben letztlich keine materielle Substanz. Die

Objekttrennung ist eine gedankliche Konzeption, die natürlich bis zu einem gewissen Grad auch nützlich und gültig ist in unserer Umwelt.

Bei der physikalischen Erforschung auf atomarer und subatomarer Ebene wurde deutlich, dass Materie letztlich gebündelte Aktivität, Vibration, ein Schwingungsmuster der Energie ist – und hier berühren sich Physik und Mystik. Im Hinduismus z. B. gibt es die Vorstellung, dass die Göttin Shakti aus dem Universum durch eine Folge von Vibrationen die Raum-Zeit-Schöpfung entstehen lässt. Das östliche Weltbild ist dynamisch, der Kosmos wird verstanden als eine ständig in Bewegung befindliche Realität, lebendig, organisch, Geist und Materie zugleich, ein göttlicher Geist gilt als das steuernde Prinzip: »Der, welcher in allen Wesen wohnend von allen Wesen verschieden ist, den die Wesen alle nicht kennen, dessen Leib alle Wesen sind, der alle Wesen von innen lenkt, das ist Âtman, der heimliche Lenker, der unsterbliche«[132], so heißt es in den Upanishaden. Diese zwischen dem 6. und 3. Jahrhundert v. Chr. entstandenen heiligen Schriften des Hinduismus waren, so der bedeutende spirituelle Lehrer Bede Griffiths, ein Durchbruch im Bewusstsein des transzendenten Mysteriums des Seins, das Brahman genannt wurde.[133] Einheit, Verbundenheit und dynamische Natur des Kosmos konvergieren somit in den Weltsichten der östlichen Mystik *und* der modernen westlichen Physik.

Verbundenheit und Interbeing

Ein zeitgemäßes Verständnis von Spiritualität fordert eine Weltanschauung, die geprägt ist von Mitmenschlichkeit, Bewusstheit, Achtsamkeit und ein Sich-verbunden-Wissen mit allem, was lebt. Zugleich geht es um verantwortliche Lebensweisen, die auf bewahrende Nachhaltigkeit im Umgang mit den Gütern der Erde ausgerichtet sind.

Verbundenheit ist ein zentrales Merkmal einer globalen, transkonfessionellen Spiritualität – Verbundenheit mit etwas Transzendentem, dem Urgrund des Seins, aber auch mit der Natur, mit den Mitmenschen und Mitlebewesen. Spiritualität in diesem Sinne führt in ein Bewusstsein der Verbundenheit mit allem, was existiert, der Vielzahl der Mitlebewesen. Ökologie, Naturschutz, Tierschutz sind heutzutage wichtiger Teil eines spirituellen Bewusstseins, auch im Protest gegen weitere Naturzerstörung und Raubbau an den Ressourcen der Erde. Viele Aktionen zu diesen Inhalten sind gebündelt unter dem Leitmotiv *spiritual activism*.[134]

Zu den ermutigenden und hoffnungsvollen Erfahrungen der letzten Monate zählt das weltweite Engagement von vor allem jungen Menschen für den Klimaschutz – von New York bis Lützerath. Gerade bei ihnen wächst das Gefühl der weltweiten Verbundenheit aller Menschen und Lebewesen.

Zugleich haben wir als Menschheit es noch immer nicht gelernt, das Zusammenleben, das Austragen von Konflikten, den Umgang mit Andersartigkeit ohne Krieg und Gewalt zu gestalten. Das vergangene 20. Jahrhundert gilt als das gewaltsamste der Geschichte. Gegenwärtig bestimmt der Angriffskrieg Russlands gegen die Ukraine die politische Situation in der westlichen Welt, hat Tausende Tote und die sinnlose Vernichtung von Städten und Dörfern zur Folge. Gleichzeitig finden weltweit viele weitere kriegerische Auseinandersetzungen – z. B. auf dem afrikanischen Kontinent – statt, ebenso Waffenhandel und Militarisierung.

Aber: Wir Menschen sind *consortes*, Schicksalsgefährt:innen (lat. *con* = zusammen, *sors* = Schicksal), Abkömmlinge der einen Mutter Erde, bedroht vom nuklearen Vernichtungspotential.

Wir haben alle denselben Ursprung des Lebens, sind nicht aufteilbar in angeblich verschiedene Rassen wie genetische Forschungen und DNA-Analysen aufzeigen. Sämtliche heute lebenden Menschen stammen von einer kleinen Menschengruppe ab, die vor ca. 200 000 Jahren in Ostafrika lebte. Wir sind alle eng verwandt, auch wenn wir verschieden aussehen.

Wir Menschen sind *consortes* – leben in einem globalen Dorf unter einer extrem ungerechten Aufteilung der Ressourcen der Erde. Wir brauchen eine andere Art der Globalisierung – ein Gefühl der Verbundenheit und ein Wissen darum, dass alles, was wir denken, fühlen, sagen und tun, Auswirkungen hat und in Wechselwirkungszusammenhängen steht. Thich Nhat Hanh, der im Januar 2022 verstorbene, weltweit wirkende Zen-Meister, hat dafür das Wort »Interbeing«[135] geprägt. Sein ist nur möglich als ein »In-Beziehung-Sein« und mit einer Lebenshaltung, die von Mitgefühl und Achtsamkeit als zentralen Werten bestimmt ist.

Mitleid und Mitgefühl

Mitgefühl ist die Fähigkeit, wechselseitige Verbundenheit zu empfinden, in Freude, Mitfreude, ebenso in Trauer und Mit-Leid. Gerade das Letztere, das Mitleid, hat jedoch im Allgemeinen einen schlechten Ruf: Wir lehnen Mitleid anderer ab, wollen kein Mitleid, selbst wenn es uns schlecht geht, schämen uns, wenn wir uns selbst bemitleiden. Ist Mitleid etwas Problematisches, Zwiespältiges? Wenn man sich die Antonyme zu Mitgefühl und Mitleid ansieht, findet sich: Mitleidlosigkeit, Grausamkeit, Härte, Gefühllosigkeit, Kälte, Gleichgültigkeit, Herzlosigkeit, kurz: Unmenschlichkeit.

Wie kommt es, dass das Mitleid (von griech. *sympatheia*) es so schwer hat, als Gefühl anerkannt zu werden, obwohl es doch um Mitfühlen im Schmerz und in der Trauer geht, um Anteilnahme am Leiden anderer? Alle Einwände, die in der Philosophiegeschichte von den Stoikern bis zu Nietzsche gegen das Mitleid hervorgebracht wurden, schiebt der französische Philosoph André Comte-Sponville in seinem Buch *Ermutigung zum unzeitgemäßen Leben* mit dem Satz zur Seite: »Das Leben ist zu schwer und die Menschen sind zu unglücklich, als dass ein solches Gefühl nicht notwendig und gerechtfertigt wäre. […] Besser betrübte Liebe – das genau ist Mitleid – als fröhlicher Hass.«[136] Mitleid, verstanden als die Fähigkeit des Mitfühlens im Schmerz und in der Trauer, ist Anteilnahme am Leben und Leiden anderer.

Mitleid ist nicht gönnerhaft, bedeutet nicht, sich Notleidenden von oben herab zuzuwenden, sie zu Objekten von Almosen und Mildtätigkeit zu machen. Das Mitleid, so Comte-Sponville, »ist horizontal: Es hat nur zwischen Gleichen einen Sinn, anders gesagt, es realisiert eine Gleichheit zwischen dem, der leidet, und dem, der neben ihm, also auf derselben Ebene steht und das Leid mit ihm teilt. [...] Kein Mitleid ohne Achtung.«[137]

Wenn dieses Mitleid als Mitfühlen erwacht, dann schwindet die Illusion des Andersseins und des Getrenntseins. »Nichts und niemand existiert getrennt voneinander«[138], betont Willigis Jäger. Im Bereich der Spiritualität geht es letztlich darum, Menschlichkeit in Form von Mitgefühl und Liebesfähigkeit zu entfalten. Daher ist auch die Essenz aller östlichen und westlichen spirituellen Traditionen und Schulungswege: »Der beste Name für Gott ist Mitgefühl«[139], lehrt Meister Eckehart. Spiritualität ist vor allem ein Prozess der Herzenserwärmung und Herzenserweiterung, eine Erweiterung des Spektrums an Möglichkeiten des Mitgefühls.

Wohlwollen, Güte und Mitgefühl bestimmen vor allem auch das buddhistische Denken. Echtes Mitgefühl ist nach buddhistischer Auffassung abhängig vom Entwicklungsstand des Bewusstseins. Mitgefühl setzt Einsicht in die Natur der Wirklichkeit voraus, es ist eine grundlegende Anerkennung von Gleichheit und gesteht allen Mitlebewesen das gleiche Recht auf Leben, Glück und Entfaltung zu. Mitgefühl ist ein Reifegrad eines sich weitenden geöffneten Herzens.

Aus vielen Schriften des Buddha und aus dem, was auch zahlreiche buddhistische Lehrerinnen und Lehrer in der Nachfolge Buddhas gelehrt haben, wird deutlich: Ein gütiges Mitleid mit allen Lebewesen, tiefes Mitgefühl mit allen leidenden Wesen, ist für das Überleben im 21. Jahrhundert notwendig. Dies ist auch seit Jahrzehnten der Appell des Dalai Lama.

Die Dinge ändern sich nur, wenn eine grundlegende Ethik des Mitgefühls und der Fürsorge für andere zur Basis des menschlichen Zusammenlebens wird, so auch der Dalai Lama in seinem Appell an die Welt.[140]

Bewusstheit, Psyche und Selbsterkenntnis

Aus einer spirituellen Weltsicht bewegt sich der Kosmos seit dem Urknall auf ein sich selbst erkennendes Universum zu. Der Mensch als ein Teil, als vergeistigte Materie, als Ort, wo sich der Geist sinnlich erfahrbar materialisiert, ist der Verdichtungspunkt von Bewusstsein, von Selbsterkenntnis. Bewusstheit ist eine Eigenschaft lebender Systeme. Sie kommt mit höheren Stufen von Komplexität zunehmend zur Entfaltung und erreicht im Menschen die bislang höchste Form. Wir sind uns unserer selbst als denkende Wesen bewusst, oder anders: In uns Menschen wird sich das Universum, das den Menschen in Jahrmillionen der Evolution hervorgebracht hat, seiner selbst bewusst.

Bewusstseinserweiterung, individuell und kollektiv, zeigt sich heute auch in dem sich beschleunigenden Prozess der kommunikativen Vernetzung aller Erdbewohner, in dem wachsenden Verständnis der Wechselwirkungen aller Vorgänge auf diesem Planeten. Erweiterung bedeutet größere Durchlässigkeit, größere Offenheit an den jeweiligen Systemgrenzen, an den Kontakt- und Berührungsstellen von Menschen und Kulturen. Nicht nur im Internet werden die Verbindungen und Verknüpfungen der verschiedenen Teile der Welt immer dichter. Es scheint ein Erwachen zu geben, eine erkennbare Verbundenheit alles Lebendigen. So gibt es zahlreiche Annäherungen zwischen den verschiedenen Wissenschaften und Spiritualität. Hans-Peter Dürr bringt diese Weltsicht auf den Punkt mit den Worten: »Die Grundlage der Welt ist nicht materiell, sondern geistig.«[141] Und er betont: »Auch die Quantenphysik sagt uns heute, dass es keine getrennten Teile gibt. Alles ist ins Unendliche ausgestreckt und im Hintergrund miteinander verbunden. Jedes Atom ist mit jedem Atom in diesem Universum verbunden. Alles kann mit allem kommunizieren.«[142]

Die Verbindung von Atomphysik und Psychologie hat schon C. G. Jung vorhergesagt: »Früher oder später werden sich Atomphysik und Psychologie des Unbewußten in bedeutender Weise annähern, da beide, unabhängig voneinander und von entgegengesetzter Seite, in transzendentales Gebiet vorstoßen. […]

Psyche kann kein ›ganz anderes‹ sein als Materie, denn wie könnte sie dann den Stoff bewegen? Und Stoff kann der Psyche nicht fremd sein, denn wie könnte er sie dann erzeugen? Psyche und Materie sind in einer und derselben Welt, und eines hat am anderen teil, sonst wäre Wechselwirkung unmöglich. Man müßte daher, wenn die Forschung nur weit genug vorstoßen kann, zu einer letzthinnigen Übereinstimmung physischer und psychologischer Begriffe gelangen.«[143]

Zeitenwende, planetare Krise und Bewusstseinsentwicklung

Spiritualität im 21. Jahrhundert bedeutet vor allem Evolution in einer bedrohten Welt. So wachsen in immer mehr Menschen eine klare Erkenntnis und drängende Sorge um den Zustand des Planeten und das Wissen um alle Formen von Umweltverschmutzung, zunehmender Zerstörung der Natur und Raubbau an den Gütern dieser Erde. Betroffen sind die Elemente Erde, Wasser und Luft, die in Millionen von Jahren entstandenen Formen von Kreisläufen, die Lebensbedingungen von vielen Tier- und Pflanzenarten als Mitlebewesen, die rücksichtslos vernichtet werden. Bereits 1991 sagte Václav Havel in einer eindringlichen Rede vor dem US-Kongress: »Ohne eine globale Revolution in der Sphäre des menschlichen Bewusstseins wird sich nichts zum Besseren verändern […] und die Katastrophe, auf die die Welt zusteuert – die ökologische, soziale, demografische Katastrophe oder der allgemeine Zusammenbruch der Zivilisation –, wird unvermeidlich sein.«[144] Seine warnende Stimme wurde zwar gehört, fand aber wenig Echo in praktischem weltweiten Handeln. Dies gilt auch für die sogenannten Weltklimakonferenzen der letzten Jahre.

Seither wird deutlich: Alle gegenwärtigen Trends laufen unerwartet beschleunigt auf einen Umschlagpunkt zu. Der Zeitraum, an dem noch eine Umkehr möglich ist, hat sich seither immer weiter eingeengt auf wenige Jahre. Danach scheint es nicht mehr möglich, etwas zu tun gegen:

- eine fortschreitende globale Erwärmung,
- einen Anstieg der Meeresspiegel – Millionen Menschen müssen neue Lebensräume finden,
- Dürre und Versalzung, durch die weite Bereiche der Erde für die Produktion von Lebensmitteln ungeeignet werden, sowie Unfruchtbarkeit der Böden durch Gifte.

Für eine Spiritualität des 21. Jahrhunderts bedeutet dies, um diese Situation zu wissen, davor nicht die Augen zu verschließen, sich in der eigenen Lebensweise dazu zu verhalten und, entsprechend den eigenen Möglichkeiten, einen Beitrag zur Veränderung zu leisten.

Eine ähnliche Position vertritt auch der Philosoph Thomas Metzinger in seinem Anfang 2023 erschienenen Buch *Bewusstseinskultur*[145]. Er benennt das fehlende Mitgefühl für die künftigen Generationen der Menschheit und für die Lebensbedingungen der Mitlebewesen als eine der Hauptursachen der sich beschleunigenden globalen Krise, in der die Menschheit ihre Würde verliert und in der es angesichts der Klimakatastrophe nur noch Handlungsoptionen zur Schadensbegrenzung und zum Katastrophenmanagement gibt. Nüchtern konstatiert er, dass es zudem möglich ist, dass die Menschheit als ganze scheitert. Metzinger geht es um eine intellektuelle Redlichkeit, um den Willen zu Wahrheit und Erkenntnis, die auch in Formen der Meditation als Erkenntnispraxis geübt werden kann, und er plädiert für neue Formen einer »säkularen Spiritualität«[146].

5. »Bist Du auf Unendliches bezogen?« (C. G. Jung) Spiritualität in der Analytischen Psychologie

Analytische Psychologie und ihre spirituellen Dimensionen

Spiritualität und Transzendenz bei C. G. Jung

Wer unter dem Stichwort »Spiritualität« in C. G. Jungs Gesammelten Werken nach Textstellen sucht, wird nicht sehr fündig. Das Wort »Spiritualität«, wie es heute verwendet wird, war zu Jungs Zeit nicht gebräuchlich. »Religion« und »Religiosität« waren die etablierten Bezeichnungen, und für Jung geht es dabei um Tiefenerfahrungen der Seele. Daher betont er: »Für mich ist eine religiöse Erfahrung etwas Wirkliches, eine Wahrheit.«[147]

Für den Empiriker, so Jung, besteht »alle religiöse Erfahrung in einem besonderen seelischen Zustand«[148]. Er ist der Überzeugung: »Religionen stehen nach meiner Ansicht mit allem, was sie sind und aussagen, der menschlichen Seele so nahe, dass am allerwenigsten die Psychologie sie übersehen darf.«[149] Und er betont: »Zum Verständnis der religiösen Dinge gibt es heute wohl nur noch den psychologischen Zugang [...]«, es gelten nur »Anschauungen der unmittelbaren Erfahrung«[150]. Vor diesem Hintergrund beschreibt Jung eine Psychologie religiöser Erfahrung. Er setzt sich also mit »religiöser Erfahrung« auseinander, die für ihn ein psychisches Phänomen ist. Er sagt: »Gott hat nie anders zum Menschen gesprochen als in der Seele, und die Seele versteht es, und wir erfahren es als etwas Seelisches. Wer das Psychologisieren nennt, der leugnet das Auge, das die Sonne sieht.«[151]

Jung geht es um ein Verständnis der Psyche als Erfahrungsraum des Numinosen, um neue Sichtweisen auf religiöse Phänomene und Erfahrungen, die in der Religionspsychologie bis dahin nicht vorkamen. Diese sind für ihn von großer Bedeutung.[152] So sagt er: »Wenn wir die psychologische Struktur des religiösen, das heißt ganzmachenden, heilenden, rettenden, alles umfassenden Erlebnisses zu definieren versuchen, so scheint die einfachste Formel [...]

die folgende zu sein: Im religiösen Erlebnis begegnet der Mensch einem seelisch übermächtigen Anderen.«[153] Und an anderer Stelle betont er: »Ich *glaube* nicht [an einen persönlichen Gott], aber ich *kenne* eine sehr persönliche Kraft, deren Wirkung kein Widerstand entgegengesetzt werden kann. Ich nenne sie ›Gott‹. Ich benutze diesen Ausdruck, denn seit unvordenklichen Zeiten steht er für solche und ähnliche Erfahrungen.«[154]

Jung selbst musste viele Jahre mit Religion und Gottesbildern ringen. Von diesem Kampf zeugt auch das Rote Buch, das Dokument eines besonderen Selbsterfahrungsexperiments Jungs und seiner Erforschungen des Unbewussten.

Wenn es um religiöse bzw. spirituelle Erfahrung geht, spricht Jung an verschiedenen Stellen auch von dem Transzendenten. Der Transzendenzbegriff hat bei ihm verschiedene Bedeutungen. In der Beschreibung dessen, was er als die psychologische »transzendente Funktion« bezeichnet, geht es um die »Vereinigung bewusster und unbewusster Inhalte«. Er betont, dies sei als »nichts Geheimnisvolles, sozusagen Übersinnliches oder Metaphysisches zu verstehen, sondern eine psychologische Funktion, die sich ihrer Art nach mit einer mathematischen Funktion gleichen Namens vergleichen lässt«[155]. Dabei geht es darum, die Trennung zwischen dem Bewusstsein und dem Unbewussten aufzuheben, die Einseitigkeiten des Bewusstseins zu kompensieren. Die transzendente Funktion bezeichnet also die grundlegende Fähigkeit, die Grenze zwischen den bewussten und den unbewussten Teilen der Psyche zu überwinden. Jung betont, dass er »mit ›transzendent‹ keine metaphysische Qualität bezeichnen will, sondern die Tatsache, dass durch diese Funktion ein Übergang von der einen Einstellung in eine andere geschaffen wird«[156].

Die Transzendenz der Psyche, von der er an anderen Stellen spricht, meint spirituelle Erfahrungen des Bezogenseins auf etwas Umfassenderes, Größeres, Erfahrungsmöglichkeiten jenseits des Alltagsbewusstseins. »Daß die Welt innen und außen auf transzendentalen Hintergründen ruht, ist so sicher wie unser eigenes Vorhandensein«[157], so Jung. Die Transzendenz der Psyche lässt eine andere Wirklichkeit hinter der Wirklichkeit erfahren. Dies aufzuzeigen war immer wieder Jungs Anliegen. Es geht um die Erkenntnis, dass alles – die Welt des Physischen und des Psychischen, Körper und Geist, das sinnlich Erfassbare und sinnlich Wahrnehmbare und die unsichtbare Welt des Unbewussten – zu einem untrennbaren Ganzen gehört, ein Feld der Einheitswirklichkeit ausmacht, des *unus mundus*, wie Jung es nannte.

Die Seele ist »naturaliter religiosa« (C. G. Jung)

Jede Zeit hat wohl ihren ganz spezifischen Zugang und ein spezifisches Verständnis von der Seele. Im Wissenschaftsdiskurs der Moderne verlor die Seele ihre transzendente Seite, wurde die Psychologie zeitweise zu einer »Wissenschaft ohne Seele«: Freud sprach mechanistisch vom »psychischen Apparat«, heute finden wir zur Beschreibung der menschlichen Psyche Computerbegriffe: die Psyche ist dann in der heutigen Sprache ein »Informationsverarbeitungssystem«. Dies scheint sich in unserer Zeit wieder zu ändern, mit dem Aufkommen der Transpersonalen Psychologie, deren Vorläufer u. a. C. G. Jung war.

In Jungs Menschenbild ist die Bezogenheit auf das Transzendente der entscheidende Aspekt des menschlichen Lebens: »Die entscheidende Frage für den Menschen ist: Bist du auf Unendliches bezogen? Das ist das Kriterium seines Lebens. [...] Wenn man versteht und fühlt, dass man schon in diesem Leben an das Grenzenlose angeschlossen ist, ändern sich Wünsche und Einstellung. Letzten Endes gilt man nur wegen des Wesentlichen, und wenn man das nicht hat, ist das Leben vertan.«[158]

Jung selbst bekennt: »Das Hauptinteresse meiner Arbeit liegt nicht in der Behandlung von Neurosen, sondern in der Annäherung an das Numinose.«[159] Und er wehrt sich gegen den Vorwurf, eine Psychologie zu konstruieren, die ungerechtfertigterweise die Seele mit religiösen Themen und Dimensionen in Zusammenhang bringe: »Nicht ich habe der Seele eine religiöse Funktion angedichtet, sondern ich habe Tatsachen vorgelegt, welche beweisen, dass die Seele ›naturaliter religiosa‹ ist.«[160] Und an anderer Stelle schreibt er: »Das Gottesbild ist keine Erfindung, sondern ein *Erlebnis*, das sua sponte den Menschen antritt; was man zu Genüge wissen kann, wenn man nicht Verblendung durch weltanschauliche Vorurteile der Wahrheit vorzieht.«[161]

Jung hat sich in seinem Forschen und Arbeiten lebenslang mit Spiritualität auseinandergesetzt, wobei er sich von seinem Inneren dazu gedrängt fühlte, wie er selbst deutlich macht: »Mein Leben ist mein Tun, meine geistige Arbeit. Das eine ist vom anderen nicht zu trennen. Alle meine Schriften sind sozusagen Aufträge von innen her.«[162]

In seiner Biografie *Erinnerungen, Träume, Gedanken* beschreibt Jung zahlreiche eigene spirituelle Erfahrungen. Er sagt dort von sich: »Ich finde, daß alle meine Gedanken um Gott kreisen wie die Planeten um die Sonne und wie diese von Ihm als der Sonne unwiderstehlich angezogen sind. Ich müßte es als größte Sünde empfinden, wenn ich dieser Gewalt Widerstand entgegensetzen sollte.«[163] Und er bekennt: »Die Natur, die Seele und das Leben erscheinen mir wie die entfaltete Gottheit.«[164] Auch Marie-Louise von Franz, die viele Jahre mit Jung zusammenarbeitete, beschreibt ihn als einen Menschen, »welcher unaufhörlich in größter Leidenschaft und größtem Leiden mit dem Gottesproblem rang. Alles, was ihm und in der Welt geschah, bezog er auf Gott und stellte ihm die Frage des Warum und Wozu.«[165]

Jung war in vielem seiner Zeit voraus, intuitiv ahnend und forschend. Einiges kann vielleicht erst jetzt, mit dem heutigen Bewusstsein, verstanden, anerkannt und angenommen werden. Sein Werk ist eine riesige Fundgrube an psychologischen Erkenntnissen, philosophischen Gedanken, anthropologischem Wissen und an Lebensweisheit. Es verbindet umfangreiche empirische, psychologische, religionswissenschaftliche, anthropologische und völkerkundliche Studien mit klinischem Fallmaterial. Damit sammelt er die Grundlagen für die Analytische Psychologie und ihre Therapie.

Jung war kein Systematiker und mochte keine abstrakte Begrifflichkeit, sondern suchte immer wieder nach besseren Umschreibungen von dem, was für ihn »seelische Grundphänomene« waren.

Seine Gedankengänge entwickelten sich weiter, das Thema umkreisend, sich immer wieder neu sich annähernd, in manchmal paradoxen Formulierungen. In seinen Schriften lässt Jung teilhaben an seinen Ahnungen, Erkenntnissen, Forschungsergebnissen, Alltagserfahrungen, Gefühlen und Gedanken. Manches fällt dabei unter die Beschränktheit des Zeitbedingten, entsprechend seinem eigenen Satz: »Alles Verstehen [...] fällt unter die Kategorie des Zeitbedingten.«[166]

An dieser Stelle möchte ich nochmals betonen, dass sich Stellen in C. G. Jungs Werk finden, die überholt und falsch sind, dem Zeitgeist und den Vorurteilen seiner Zeit unterliegen und besonders auch dem *gender bias*.[167] Weiterentwicklungen von seinen Ideen in diesen Themenbereichen kann man bei nachfolgenden Vertreterinnen und Vertretern der Analytischen Psychologie finden, z. B. Mario Jacoby, Theodor Seifert, Verena Kast, Ingrid Riedel, Murray Stein.

C. G. Jungs Dialog mit seiner Seele im Roten Buch

Vor inzwischen mehr als zehn Jahren wurde ein ganz besonderes, in Fachkreisen mit Spannung erwartetes Werk C. G. Jungs veröffentlicht: das sogenannte Rote Buch. Es ist das Dokument eines besonderen Selbsterfahrungsexperiments Jungs, seiner Erforschungen des Unbewussten. Jung arbeitete daran etwa 16 Jahre, von 1913 bis 1928. Im Roten Buch begegnet einem Jung als Erforscher und Entdecker seelischer Innenwelten. Viele Jahre lang erkundete er dort mit intensiven Imaginationsübungen, aus denen er später seine Methode der Aktiven Imagination entwickelte, das kollektive Unbewusste.

Ab 1913 bedrängen ihn innere Bilder und Träume, die ihm unverständlich sind, und er beschließt im Sinne eines Selbstexperiments, sich ganz auf sie einzulassen und zu sehen, was passiert: Er versetzt sich in einen Zustand der Entspannung, eine leichte Trance, und lässt zu, dass innere Bilder und Phantasien aufsteigen. Er begibt sich ganz hinein, so ähnlich, wie Menschen dies heute auch in Fantasyspielen machen. So entsteht die Arbeit mit Imagination und die besondere Form der Aktiven Imagination (vgl. Kapitel 2).

Das Rote Buch bietet eine ungeheure Fülle an psychologischen, philosophischen, mythologischen und theologischen Themen. Es ist: Zeitkritik, Kulturkritik, Mythologie, vor allem Lebensweisheit, tiefenpsychologische Erkenntnis, religiöse Problematik und auch eine Auseinandersetzung mit dem einseitigen christlichen Gottesbild, ganz besonders aber die Suche nach dem eigenen Selbst. Vor allem aber hilft es Jung, wieder in Kontakt zu kommen mit seiner Seele. Einige Stellen daraus möchte ich zitieren; sie zeigen ein ganz besonderes Verständnis der Seele. So geht er mit ihr in Dialog:

»Meine Seele, wo bist du? Hörst du mich? Ich spreche, ich rufe dich – bist du da? Ich bin wiedergekehrt, ich bin wieder da [...]. Das Eine habe ich gelernt, dass man nämlich dieses Leben leben muss. Dieses Leben ist der Weg, der längst gesuchte Weg zum Unfassbaren, das wir göttlich nennen. Es gibt keinen andern Weg. [...]

Ich war damals noch ganz befangen im Geiste dieser Zeit und dachte anders von der menschlichen Seele. Ich dachte und sprach viel von der Seele, ich wusste viele gelehrte Worte über sie, ich habe sie beurteilt und einen Gegenstand der Wissenschaft aus ihr gemacht. [...] Ich habe einsehen müssen, dass das, was ich zuvor meine Seele genannt habe, gar nicht meine Seele gewesen ist, sondern ein totes Lehrgebäude. [...]

Denn Gelehrsamkeit allein genügt nicht; es gibt ein Wissen des Herzens, das tiefere Aufschlüsse gibt.«[168]

Gottesbilder und Bewusstseinsentwicklung

Jungs Beiträge zur Religionspsychologie sind alle auf der Basis seiner Ausgangsthese zu sehen: die psychische Notwendigkeit der »religio«, der »Rückbindung« an etwas Größeres, Ganzes. Immer wieder müht er sich darum, die psychologische Fragestellung von der theologischen abzugrenzen. Er verweigert sich der Frage nach der Existenz eines transzendenten Gottes, nähert sich dem Thema dennoch immer wieder. Er betont, dass er als Psychologe nichts über Gott, sondern nur etwas über Gottesbilder und Symbole sagen kann, nicht mehr. Aber auch Symbole können spirituelle Erfahrungen vermitteln, da sie bewusstseinstranszendente Inhalte haben. Gerade die Begegnung mit den Kräftefeldern der Archetypen und ihren Symbolisierungen können numinosen Charakter haben. Er warnt: »Wo immer es sich um archetypische Gestaltungen handelt, führen personalistische Erklärungsversuche in die Irre.«[169]

Aussagen über das Göttliche sind für Jung Beschreibungen der spirituellen Erfahrungsmöglichkeiten der menschlichen Psyche; sie sind keine theologischen, sondern psychologische Aussagen. Die psychologische Fragestellung fokussiert, was in der Seele vorgeht und ihr eigen ist. So betont er: »Es wäre ein bedauerlicher Irrtum, wenn jemand meine Beobachtungen als eine Art Beweis für die Existenz Gottes auffassen wollte.«[170]

Dort, wo es in spirituellen Traditionen um die Erweiterung des Bewusstseins geht, um ein Erwachen, spricht Jung von »Bewusstseinserhöhung«, die für ihn menschliche Aufgabe und Bestimmung ist: »[…] nur hier, im irdischen Leben, wo die Gegensätze zusammenstoßen, kann das allgemeine Bewusstsein erhöht werden. Das scheint die metaphysische Aufgabe des Menschen zu sein.«[171] Die menschliche Bewusstseinsentwicklung hat für Jung eine kosmische Bedeutung, weil in ihr das Universum sich selbst erkennt; der Mensch ist dazu da, »daß der Schöpfer seiner Schöpfung und der Mensch seiner selbst bewußt werde«[172]. Und an anderer Stelle schreibt er: »Die wahre Geschichte der Welt erscheint uns als fortschreitende Inkarnation der Gottheit.«[173]

Psychotherapie und Spiritualität

»Vocatus adque non vocatus deus aderit (Gerufen oder nicht gerufen, Gott wird da sein)« ließ Jung, wie in der Einleitung erwähnt, über die Türschwelle seines Hauses in Küsnacht meißeln. Gerufen oder nicht gerufen – auch in der Analyse und der Therapie tauchen spirituelle Themen und Sinnfragen auf. Die therapeutische Arbeit berührt den Bereich der Transzendenz und verlangt daher von beiden, Therapeut:in und Patient:in, sich auf religiöse bzw. spirituelle Fragen einzulassen.

Wenn es in der Therapie um Heilung, Wieder-heil-Werden des ganzen Menschen geht, so muss der Erfahrungsraum der Therapie offen sein für das Numinose, für Sinnsuche und alle spirituellen und religiösen Fragen, die zum Menschsein untrennbar dazugehören. Heil, heilen und heilig kommen nicht zufällig aus derselben Wortwurzel. Psychotherapie und Medizin dürfen den Menschen weder somatisch noch psychisch reduzieren. Sie müssen ihn als Einheit von Körper, Geist und Seele mit dem Verlangen und der Fähigkeit zur Transzendenz akzeptieren und behandeln.

Für mich basiert die therapeutische Arbeit auf einem spirituellen Grundverständnis. *Therapeúein* bedeutet Wegbegleitung sein, nahe sein, sich in den Dienst stellen, also: sich mit einem anderen einlassen auf einen Such- und Veränderungsprozess, bei dem es um Heilung geht.

Heilung ist immer ein Prozess des Wieder-heil-Werdens des ganzen Menschen. Dabei geht es nicht um ein harmonisch-idealistisches Bild von Ganzheit, sondern darum, das Gelungene und Misslungene, die lichtvollen und die Schattenseiten anzunehmen, Brüche und Fragmente in das Ganze eines Lebens zu integrieren.

Im Zusammenhang mit diesem spirituellen Verständnis therapeutischer Arbeit kommen mir auch immer wieder archaische, archetypische Bilder: In der Therapie von manchen Patienten und Patientinnen geht es darum, die abgerissenen und verworrenen Lebensfäden zu ordnen und mit ihnen zum Gewebe ihres Lebens neu zu verknüpfen. Therapeutische Begleitung ist manchmal auch eine Art Hebammendienst, wenn es für die Patient:innen darum geht, sich selbst ins Leben zu gebären, im Leben wirklich anzukommen, die begonnene Geburt zu vollenden. Und Therapeut:innen können dabei achtsame, begleitende, stützende Hebammen sein.

Psychotherapie zielt auf Selbstwerdung, Selbstverwirklichung und Selbstintegration durch Beseitigung von Störungen und Blockaden sowie auf die Entfaltung der eigenen Potentiale. Spirituelle Praxis zielt letztlich auf Selbsttranszendenz. Sie kann bei vorhandenen psychischen Problemen eine Psychotherapie nicht ersetzen.

Die spirituelle Ausrichtung eines Therapeuten, einer Therapeutin manifestiert sich in Haltung und Ausstrahlung. Ich finde an Grundhaltungen wichtig:

- Wache Präsenz, Achtsamkeit und Aufmerksamkeit im Hier und Jetzt. Dies wird m. E. am besten geschult durch die eigene Praxis der regelmäßigen Meditation.
- Die Kunst des Zuhörens als Hören mit dem Dritten Ohr, dem Ohr des Herzens.
- Ein unverbrauchtes, sich immer wieder erneuerndes Mitgefühl, ein wirkliches Anteil-nehmen-Können, ein Inter-esse, In-Beziehung-Sein.
- Das Prinzip Hoffnung und Ermutigung vertreten, ein »Nicht müde werden, sondern dem Wunder leise die Hand hinhalten«[174], so wie es in einem Gedicht von Hilde Domin heißt. Und das Wunder ist das Leben selbst.

Hoffnung aufrechtzuerhalten und Vertrauen zu schaffen, ist nichts Einseitiges. Es bedarf ebenso des vertrauensvollen Annehmens und Schenkens von Vertrauen auf Seiten der Patient:innen. Es berührt mich immer wieder tief, wie viel Vertrauen mir von Patienten oft schon im ersten Gespräch entgegengebracht wird. Doch auch in Bezug auf Vertrauen kann es zu Krisen und Erschütterungen im therapeutischen Prozess kommen.

Individuation und Selbst als spirituelle Konzepte

Das Wesentliche der Individuation lässt sich auf die Formel bringen: Werde, der/die du bist, in einem lebenslangen Prozess der Entwicklung. Das Ziel des Lebens ist Individuation und Ganzwerdung, darin liegt implizit der Sinn des Daseins (vgl. Kapitel 1). Es ist eine philosophische Grundeinstellung, das Leben unter einem solchen finalen Aspekt zu betrachten.

Im Jung'schen Menschenbild werden psychische Phänomene vor allem auch unter diesem Aspekt der Finalität betrachtet – in der Neurose, in Hinweisen aus dem Unbewussten, in Traum und Imagination. Es geht darum, die Absicht, einen zugrunde liegenden Sinnaspekt bzw. eine Zielstrebigkeit zu verstehen. Zu fragen ist: Was ist, kausal betrachtet, verstehbar aus der Vergangenheit und der Biographie eines Menschen, und wie aber könnte, final betrachtet, das Leben weitergehen? So ergänzen sich kausale und finale Betrachtungsweisen. Insbesondere Letztere war Jung stets sehr wichig.

Individuation als Weg zur Ganzheit

C. G. Jung betont: »Wir kommen zu einer psychologischen Entwicklung nur dadurch, daß wir uns selbst so annehmen, wie wir sind, und das Leben, das uns anvertraut ist, ernsthaft zu leben versuchen.«[175] Jeder Mensch muss den Weg der Individuation gehen, wenn wir Individuation beschreiben als jenen natürlichen und autonomen Reifungsprozess, welcher der Psyche als Entwicklungstendenz archetypisch mitgegeben ist, als Drang zur Selbstverwirklichung. Für Jung ist der Individuationsprozess als Arbeit an der Psyche eine Wegbereitung auf das Ziel einer psychischen Ganzheit. Und zu dieser angestrebten Ganzheit gehört für Jung der Bezug zur Transzendenz.

Der Weg zur seelischen Ganzheit ist für Jung immer auch eine Konfrontation mit den eigenen Gegensätzen, deren Spannungspotential und dem Versuch der Vereinigung der Gegensätze, in Jungs Worten ein *mysterium coniunctionis.* Diese Vereinigung der Gegensätze ist ein spirituelles Geschehen, das rational nicht fassbar, aber eine seelische Wirklichkeit ist, wie Jung deutlich macht: »Es muss noch verstanden werden, daß das ›mysterium magnum‹ nicht nur an sich vorhanden, sondern auch vornehmlich in der menschlichen Seele begründet ist.«[176]

Der Individuationsprozess wird nach Jung vor allem vom umfassenderen Selbst beeinflusst, das dem Ich übergeordnet ist (vgl. Kapitel 1).

Die spirituellen Aspekte des Selbst

Zur Persönlichkeit, als deren Funktionsprinzip das Ich zu verstehen ist, gehören die Fähigkeiten der Selbststeuerung, Selbstbeobachtung, Überprüfung der Realitätswahrnehmung, Regulierung von Bedürfnissen, ebenso Frustrationstoleranz sowie ein Verständnis der eigenen Individualität als Ich-Identität – etwas, das wir lebenslang entwickeln. Das Selbst – ein zentrales Konzept der Analytischen Psychologie (vgl. Kapitel 1) – ist hingegen ein umfassender Ausdruck für die Ganzheit und Vollständigkeit des seelischen Potentials eines Menschen, umfasst spirituelle Aspekte und unterscheidet sich damit vom Selbstbegriff anderer psychischer Richtungen.

Aussagen über das Selbst sind einerseits über die Empirie zu gewinnen, andererseits geht es über das Konzept rationaler Beschreibungsmöglichkeiten hinaus. »Das Selbst«, so Jung, »ist nicht nur Mittelpunkt, sondern auch jener Umfang, der Bewußtsein und Unbewußtes erschließt.«[177] Zugleich ist es das Zentrum, aus dem alle schöpferischen Lebensimpulse hervorgehen. In der Interaktion zwischen dem Ich, dem Zentrum des Bewusstseins, und dem Selbst vollzieht sich der Lebensprozess als Selbstverwirklichung, als Prozess der Individuation.

Für C. G. Jung ist das Selbst das regulierende und den Individuationsprozess leitende Prinzip der Ganzheit, das alle seelischen Entwicklungsprozesse bestimmt und strukturiert und das letztlich auch als das nicht begrifflich fassbare Transzendente im Menschen angesehen werden kann. Im Verhältnis vom Ich als Zentrum des Bewusstseins und dem Selbst kann es zu Schwerpunktverlagerungen hin zum umfassenderen Selbst kommen, vor allem in der zweiten Lebenshälfte, was mitunter weitreichende Veränderungen im Selbst- und Weltverständnis zur Folge hat. Im Selbst sind die Spannungen zwischen dem Individuum und dem Kollektiv, zwischen dem persönlichen und dem kollektiven Bewussten und Unbewussten auszutragen.

Das Selbst, so Jung, »ist uns fremd und doch so nah, ganz uns selber und uns doch unerkennbar, ein virtueller Mittelpunkt von solch geheimnisvoller Konstitution [...]. Die Anfänge unseres ganzen seelischen Lebens scheinen unentwirrbar aus diesem Punkt zu entspringen, und alle höchsten und letzten Ziele scheinen auf ihn hinzulaufen.«[178] In dem Versuch, das Selbst zu erklären, schreibt Jung, es sei ein psychologischer Begriff für eine »unerkennbare Wesenheit«, die das rationale Verständnis übersteigt. »Sie könnte ebenso wohl als ›der Gott in uns‹ bezeichnet werden.«[179] Dieses umfassendere Verständnis des Selbst mit dem Bezug zum Transzendenten ist aber nicht nur bei C. G. Jung zu finden, sondern ebenso bei Roberto Assagioli und seiner Psychosynthese sowie in der Initiatischen Therapie von Karlfried Graf Dürckheim.

Sinnfragen, Sinnsuche und Sinnerfahrungen in der Analytischen Psychologie

> Nichts, wirklich gar nichts
> ist lebenswert ohne Liebe;
> aller Sinn des Lebens
> ist erfüllt, wo Liebe ist.[180]
>
> DIETRICH BONHOEFFER

Wir leben in einer Zeit großer, unüberschaubarer weltweiter und gesellschaftlicher Umbrüche. Es ist nicht mehr nur eine »Unübersichtlichkeit der Welt«[181], die zu Verunsicherung und Orientierungsverlust führte, wie schon der Philosoph Jürgen Habermas 1985 konstatierte. Ihre Kennzeichen sind Werteverlust, ein existentielles Vakuum und Sinnkrisen, auch bei denen, die alles haben und sich leisten können, *wovon* man lebt, aber wenig oder nichts, *wofür* es sich zu leben lohnt.

Die Gegenwart wird vor allem bestimmt von einem brutalen Krieg in der Ukraine – neben vielen anderen mit Waffengewalt ausgetragenen Konflikten weltweit – und von Veränderungen, die unter die Stichwörter Zeitenwende und globale Multikrise fallen. Vieles davon war bereits vor 50 Jahren bekannt, als der Club of Rome mahnend auf die Verschwendung der Ressourcen der Erde und die Grenzen des Wachstums hingewiesen hat. Das Buch *The Limits to Growth*[182] wurde weltweit mehr als 50 Millionen Mal verkauft, seine Konsequenzen waren jedoch gering und Umsetzungen auf globaler politischer Ebene kaum feststellbar. Weiterhin verfügen weltweit nur wenige Reiche über den Großteil der Güter dieser Erde, leiden Millionen von Menschen an Hunger und suchen Millionen Geflüchtete Orte zum Leben. Die Zivilisation, wie wir sie kennen, ist bedroht.

Es wird zunehmend deutlich – aber immer noch nur einer kleinen Gruppe von wachen und aufgeklärten Menschen: Wir alle müssen uns zur Rettung des Lebens auf diesem Planeten von den derzeitigen Wirtschaftsformen und der Wachstumsideologie auf Kosten der Natur trennen, vom suchtartigen Konsumismus, der sinnlosen Produktion und Vernichtung von Gütern und Lebensmitteln. Zum gegenwärtigen Zustand der Welt wird in *Earth for All*[183], dem neuen Report des Club of Rome, konstatiert: »too little too late« – es geschieht viel zu wenig viel zu spät. Die aktuelle Präsidentin des Club of Rome, Sandrine Dixson-Declève, sagt in einem Interview des Magazins *Der Spiegel:* »Wir müssen darüber reden [...], welchen Mustern wir folgen und eine positive Idee entwickeln, wie ein Leben ohne diese materielle Sucht aussehen kann. [...] Es geht also nicht nur unserem Planeten schlecht, sondern auch uns.«[184]

Viele der uns vertrauten und so komfortablen Lebensgewohnheiten machen in Anbetracht der Weltsituation keinen Sinn; sie waren zudem auch kein Garant für ein gutes, sinnvolles und glückliches Leben.

Sinn und Sinnfrage

Sinnfragen sind immer verknüpft mit der Suche nach Lebensglück. Dagegen ist nichts einzuwenden; auch der Dalai Lama sagt: »Ich bin davon überzeugt, dass der eigentliche Sinn unseres Lebens im Streben nach Glück besteht. [...] Unser Leben ist auf Glück hin ausgerichtet.«[185] Dazu gehört für ihn, menschliche Qualitäten zu entfalten, nämlich: Herzenswärme, Güte und Mitgefühl. Dann, so sagt er, »wird unser Leben sinnvoll, friedvoller und damit glücklicher«[186].

Das Sinnbedürfnis basiert nach Roy Baumeister auf vier grundlegenden Aspekten, die immer wieder des Ausbalancierens und der Neuinterpretation bedürfen, um dem Leben Sinn und Richtung zu geben. Diese vier Aspekte sind:[187]

- Das Leben ist sinnvoll, wenn es darin Ziele gibt.
- Das Leben hat Sinn, wenn es an Wertvorstellungen orientiert ist und davon bestimmt wird.
- Das Leben macht Sinn, wenn Menschen das Gefühl der Kontrolle und Selbstwirksamkeit haben.
- Das Leben ist sinnvoll, wenn Menschen das Gefühl haben, selbst wertvoll und wichtig zu sein.

Persönliche Lebenskrisen und die Frage nach dem Sinn

Es sind vor allem die Krisen und Grenzfälle im persönlichen Leben, die Menschen nach Schicksal, Sinn und Unsinn des Lebens fragen lassen.

Gerade in Lebenskrisen, in den Übergangssituationen und an den Bruchstellen des Lebens, bei plötzlichen Verlusten eines geliebten Menschen oder der Diagnose von lebensbedrohlichen Krankheiten, bricht die Sinnfrage auf. Krisen gehen einher mit Gefühlen des existentiellen Ausgeliefertseins, der Ohnmacht und Bedrohung. Schicksalsschläge und plötzliche lebensverändernde Ereignisse sowie die Unfähigkeit, sie mit den eigenen Mitteln zu bewältigen, sind häufig der Anlass, weshalb Menschen therapeutische Hilfe und Begleitung suchen.

Schicksalsschläge, persönliche Katastrophen, Krankheit und Leid werfen häufig die Frage auf: Warum ich? Warum? Aber: Warum ich nicht? Woher den Anspruch nehmen, nicht betroffen zu sein von dem, was Tag für Tag an Unglück geschieht? Menschen geraten in schwere Verkehrsunfälle, sie werden Opfer von menschlicher Gewalt, oder ein Kind wird mit einer schweren Behinderung geboren und braucht lebenslang Pflege. Für Viktor Frankl, den Begründer der Logotherapie, geht es um eine Fragenumkehr, also darum, »der Frage nach dem Sinn des Lebens eine kopernikanische Wende [zu] geben: Das Leben selbst ist es, das dem Menschen Fragen stellt. Er hat nicht zu fragen, er ist vielmehr der vom Leben befragte, der dem Leben zu antworten, das Leben zu verantworten hat. Die Antworten aber, die der Mensch gibt, können nur konkrete Antworten auf konkrete Lebensfragen sein.«[188]

Lebenskrisen entstehen vor allem in psychischen Konfliktsituationen. Teilweise sind sie in der körperlichen und seelischen Entwicklung vorprogrammiert wie z. B. Pubertätskrisen, Alterskrisen und die Krisen in der Lebensmitte, teilweise werden sie durch äußere lebensverändernde Ereignisse mitbedingt wie z. B. Arbeitslosigkeit, Trennung, Scheidung, Verlust eines Partners, Krankheit und Tod oder auch durch die Spannungen und Konflikte, die zwischen den Polaritäten des Lebens entstehen: zwischen Freiheit und Bindung, Autonomie und Abhängigkeit, Werden und Vergehen, Liebe und Hass, Vereinigung und Trennung.[189]

Der Zustand der Krise ist gekennzeichnet durch den Verlust der Homöostase, durch ein Ungleichgewicht zwischen den Fähigkeiten und Kräften zur Problemlösung und einer vorhandenen Situation. Krisen sind Situationen der Zuspitzung, in denen Menschen oft von Panik und Angst ergriffen werden, keinen Ausweg mehr sehen und ihre bisherigen Lebensmuster zur Bewältigung der Situation nicht mehr ausreichen.

Krisen bedeuten immer: Gefahr, Entscheidung, Höhepunkt, Umschlagpunkt, Chance und Wende. Dabei ist nicht die objektive Schwere eines Problems entscheidend, sondern das subjektive Erleben. Was den einen Menschen in eine tiefe Krise stürzt, kann ein anderer mit seinen Bewältigungsmöglichkeiten verarbeiten, ohne in einen Krisenzustand zu geraten. Ebenso bedeutend ist die Vulnerabilität, die seelische Verwundbarkeit eines Menschen durch bestimmte Lebensereignisse, und seine Resilienz,[190] die seelische Widerstandskraft.

Krisen sind Grenzsituationen, Zeiten, in denen der Mensch als Ganzes in Frage gestellt ist und eine Veränderung erfährt, aus der er als ein anderer hervorgeht oder auch scheitert. Immer geht es also um Wandlung und Veränderung.

Besonders häufig sind Krisenberater:innen und Therapeut:innen konfrontiert mit Krisen, die durch Verluste und Trennungen entstehen. Verluste jeder Art sind die Hauptauslöser von Krisen, betont auch Verena Kast,[191] Verluste durch Trennung, Tod, Krankheit, Alter, Verlust des Arbeitsplatzes, von allem, was für sicher und dauerhaft gehalten wurde.

Trennungen, Verluste und Ablösungen sind immer auch Bestandteil des Lebens, und erst das Loslassen-Können alter, überholter und vergangener Lebenssituationen macht unser begrenztes Leben möglich und sinnvoll. Nur dadurch, dass wir Altes verlieren, verlassen und aufgeben, entwickeln wir uns weiter. Somit ist jede Trennungskrise auch zugleich ein möglicher Entwicklungs- und Reifungsschritt, eine Chance für Neubeginn, für schöpferische Lebensveränderungen und neu bzw. wiederzufindenden Sinn im Leben.

Tiefe existentielle Lebens- und Sinnkrisen erleben auch Menschen in einer Gesellschaft, die sich so krampfhaft bemüht, eine Spaß- und Erlebnisgesellschaft zu sein. Aber unterhalb dieser Oberfläche von Konsum, Spaß, Vergnügen und Unterhaltung gibt es heutzutage vielfache Gegenbewegungen, eine neue Suche nach zeitgemäßer Spiritualität und Sinn. Darauf richtet sich besonders die Analytische Psychologie aus, wie Ingrid Riedel betont: »Es zeichnet [...] die Jung'sche Psychologie vor allen anderen Richtungen aus und charakterisiert ihren besonderen Ort innerhalb der Tiefenpsychologie, dass sie ihren Schwerpunkt dort hat, wo es um die Sinnsuche und die Sinnfrage geht.«[192]

Sinnsuche und Selbstwerdung in der Analytischen Psychologie

Die Analytische Psychologie geht davon aus, dass die Suche nach Sinn, nach *religio* – Wiederanbindung an etwas Größeres – ein tiefes A-priori-Bedürfnis des Menschen ist. Der Mensch ist dasjenige Wesen, das für sein Leben Sinn braucht und sucht. So sagt C. G. Jung: »Wie der Körper der Nahrung bedarf, und zwar nicht irgendwelcher, sondern nur der ihm zusagenden, so benötigt die Psyche den Sinn ihres Seins.«[193]

Individuation, Selbstwerdung, hat für Jung immer den Bezug zur Sinnsuche. Mein Schicksal, mit all seinen Leiden und Freuden, hat zum Ziel und Sinn, mein einzigartiges Personsein mit seinen Potentialen und Begrenzungen in Erscheinung treten zu lassen. Jung ist der Überzeugung, dass der Mensch »die unglaublichsten Leiden ertragen [kann], wenn er davon überzeugt ist, dass sie einen Sinn haben«[194].

Der Weg der Heilung in der Psychotherapie bedeutete für Jung immer auch eine Auseinandersetzung mit letzten Werten, mit Fragen von Sinn und Sinnlosigkeit. Sinnverlust und Mangel an Lebenssinn sind für ihn für die Ätiologie von Neurosen von entscheidender Bedeutung. Seelische Erkrankungen verstand er als Ausdruck von Sinn- und Selbstverlust, als ein »Leiden der Seele, die ihren Sinn nicht gefunden hat«[195]. Auch die Sinnfragen und religiösen Erfahrungen bewegen sich im Bereich des Symbolischen: »Religion und Theologien haben nie in einer anderen Sprache als in einer symbolischen zu sprechen vermocht«[196], betont Ingrid Riedel. Aber Symbole, Gottesbilder, die sich in Träumen, in Imaginationen, in der therapeutischen Arbeit melden, sind nur Rohmaterial, wie Jung betont: »Sie sind nur Rohmaterialien, die, um sinnvoll zu werden, noch der Übersetzung in die Sprache der jeweiligen Zeit bedürfen.«[197]

Sinnfindung und psychotherapeutische Arbeit

Sinnfragen tauchen häufig dann auf, wenn die gewohnten Lebensmuster durchbrochen werden und das Leben fragwürdig wird. Auslöser können verschiedene Formen von Krisen und lebensverändernden Ereignissen sein, Erfahrungen, die über das Alltagsbewusstsein hinausgehen, oder auch eine wachsende Unzufriedenheit, die Erfahrung von Mangel, eine wachsende Unruhe und ein Gefühl, dass etwas Wesentliches im Leben fehlt. Dann machen manche Menschen sich auf die Suche nach dem Sinn: Es ist eine Suchbewegung in die Tiefe, in den Bereich von Spiritualität und Transzendenz.

Schicksalsschläge und plötzliche lebensverändernde Ereignisse sowie die Unfähigkeit, sie mit den eigenen Mitteln zu bewältigen, sind häufig der Anlass, weshalb Menschen therapeutische Hilfe und Begleitung suchen. Eine lebensbedrohliche Erkrankung wie z. B. Krebs bringt viele Betroffene dazu, ihr Leben auf den Prüfstand zu stellen. Die Krankheit setzt Grenzen in der Planbarkeit des eigenen Lebens, verändert Prioritäten. Sie kann als besonderer Anruf des Lebens verstanden werden, Wichtiges und Unwichtiges anders zu bewerten und kritisch nach dem *Sinn* der eigenen Lebensweise zu fragen. Eine solche Erkrankung ist für viele Menschen ein *memento mori*, das sie mit der Verletzlichkeit und Endlichkeit des Lebens konfrontiert.[198]

Auch hinter der Burnout-Problematik, mit der immer mehr Menschen heute in die Therapie kommen, wird häufig ein Verlust an Lebenssinn in den bisherigen Lebensmustern deutlich. Gefühle von Sinnleere und Sinnlosigkeit haben sich oft leise eingeschlichen, zunächst nur als vage Unzufriedenheit. Zweifel, Erschöpfung oder auch Ohnmacht und Machtlosigkeit gegenüber rigiden Organisationsabläufen, Resignation und Zynismus machen sich dann breit. Auch in Burnout-Krisen ist es nach meinen Erfahrungen wichtig und notwendig, auf die zugrundeliegende Sinnfrage einzugehen, um den Entwicklungsstillstand und -notstand der Seele ins Bewusstsein zu bringen. Die Chance von Burnout-Krisen liegt dann darin, wieder in lebendigen Fühlkontakt mit eigenen zentralen Bedürfnissen zu kommen und nach Lebensveränderungen zu suchen, die der Individuation, dem »Werde der/die du bist«, wieder Raum geben.

Lebenskrisen, Schicksalsschläge und existentielle Verluste konfrontieren mit den uralten Menschheitsfragen: Woher kommen wir? Wohin gehen wir? Weshalb sind wir hier? Der Raum der Therapie muss offen sein für solche Fragen und für die Art des Umgehens, die der Patient, die Patientin für sich wählt, und für die Antworten, nach denen dieser Mensch sucht.

Neben den handwerklich-therapeutischen Hilfen z. B. zur Bewältigung einer traumatischen Verlustkrise muss der Therapeut, die Analytikerin ein naher Wegbegleiter sein, der die Patient:innen nicht alleinlässt und sich selbst auch nicht verweigert. Das Jung'sche Bild dafür ist das *vas hermeticum*, das geschlossene Gefäß in einem alchemistischen Prozess, in den beide involviert sind und bei dem sie unter Umständen auch durchgeschüttelt werden.

Sinnerfahrungen, so Ursula Wirtz, haben oft »den Charakter numinoser Erlebnisse, sie ergreifen zutiefst und lassen uns die Existenz einer anderen Wirklichkeit innewerden, die über unser Alltagsbewußtsein hinausreicht und doch als zu uns gehörig erfahrbar wird. So kann Sinn als ein Heimkommen oder Ankommen spürbar werden, ein Entdecken dessen, was man immer schon war […]. In der Analytischen Psychologie gehört diese transpersonale Ebene und die Frage nach dem Sinn zum tragenden Grund der therapeutischen Praxis.«[199]

Wie zeigen sich das Ringen mit Sinnfragen und die Suche nach dem eigenen Selbst im Raum der Therapie? An einem Fallbeispiel möchte ich dies verdeutlichen:

Frau K., Anfang fünfzig, musste zu Beginn des vorigen Jahres ihren einzigen Sohn beerdigen. Er hatte kurz vor dem Examen seinem Leben durch einen Sprung vom Hochhaus des Studierendenwohnheims ein Ende gesetzt. Der Abschiedsbrief macht deutlich: Er hielt sich für einen Versager, der unmöglich das Examen schaffen könne und die Erwartungen der Mutter nur enttäuschen würde. Jonas, der nur mit viel Hilfe der Mutter das Abitur geschafft hatte und zum Studium gekommen war, konnte diese Hürde für sich nicht schaffen. Zurück blieb Frau K., alleinstehend, in tiefem Schock über die Selbsttötung ihres einzigen Sohnes, voller Fragen, Schuldgefühle und Zweifel, ob sie mit ihren Erwartungen an den Sohn dazu beigetragen habe, dass ihm das Weiterleben unmöglich schien. Ihr selbst kommt das Weiterleben sinnlos vor. Nach außen hin hält sie sich aufrecht, innerlich ist sie wie versteinert. Überall meint sie, Verdächtigungen und unausgesprochene Schuldzuweisungen zu spüren: eine alleinerziehende Mutter, die die Erziehung ihres Kindes nicht hinbekommen hat.

Etwa 11 000 Menschen begehen jedes Jahr in Deutschland Suizid. Was immer die Auslöser und Gründe dafür sind, für die Angehörigen, die Eltern, Geschwister, Lebenspartner, die eigenen Kinder, die Freundinnen und Freunde, ist es meist ein schwerer Schlag. Ein Schatten fällt auf sie, und es ist nicht selten, dass sie in dieser Situation therapeutische Hilfe suchen.

Eltern, die durch Suizid ihr Kind verloren haben, spüren zusätzlich zu ihrem Leid oft eine schmerzhafte und kränkende Distanzierung der Umwelt, als würde ihnen eine Mitschuld am Tod ihres Kindes zugewiesen. Sie leiden oft unter der Ächtung und dem Verdacht: »In der Familie ist dann doch wohl nicht alles in Ordnung gewesen.« Sie erleben Distanzierung anstelle von Mitgefühl und

Anteilnahme, die sie so dringend benötigten. Die Therapie muss hier zunächst Schutz geben, um dann einen Raum für alle Gefühle und für Trauerarbeit zu öffnen.

Vor allem klagen sich Angehörige oft selbst an, wenn ein Kind, Bruder, eine Schwester oder ein Ehepartner von sich aus aus dem Leben gegangen ist, so auch Frau K.

Sie quält sich selbst mit schweren Vorwürfen, gibt sich die Schuld, mit ihren Erwartungen und Plänen für ihren Sohn diesen in den Tod getrieben zu haben. Ihr Leben kommt ihr wie ein einziges großes Versagen vor. Lange braucht sie, um sich daraus zu lösen, sich selbst das Recht zur Klage zu geben, chaotische Gefühle der Trauer, der Verzweiflung, der Enttäuschung, zunehmend auch des Zorns auf den Sohn zuzulassen, auch des Vorwurfs an ihn, dass er sie auf diese Weise verlassen hat. Immer wieder braucht sie die Vergewisserung ihrer Therapeutin, dass nicht sie die Verantwortung für den Entschluss ihres Sohnes übernehmen kann. Er hat sich mit diesem Schritt der Selbsttötung fatalerweise das Recht zur Selbstentscheidung und Selbstverfügung über das eigene Leben angeeignet. Es entlastet sie auch, die Dynamik des präsuizidalen Syndroms erklärt zu bekommen und zu verstehen, wie eingeengt, unfrei in den letzten Stadien eines Suizids Menschen oft sind, wenn sie in die Bannmeile des Todes geraten. Da ist oft nicht viel Freiheit.

Für Frau K. geht es in ihrem therapeutisch begleiteten Trauerprozess um Hilfe bei der Differenzierung zwischen dem neurotischen Übermaß an Schuldgefühlen und dem Anteil an Versagen und Fehlern, der zu unserem Leben dazugehört und auf erwachsene Weise zu tragen ist. Wir bleiben ja immer an Liebe und Verständnis etwas schuldig.

»Aber«, so beginnt sie zu fragen, »was kommt nach dem Tod? Wo ist die Seele meines Sohnes?« Diese Fragen beschäftigen sie nun brennend, sie sucht und forscht nach Erklärungen, vertieft sich selbst in Reinkarnationslehren, befragt die Reste ihres christlichen Glaubens. Sie nimmt Kontakt auf zu einer Frau, von der sie gehört hat, sie könne Verbindungen zum Jenseits herstellen. Sie erfährt, ihrem Sohn gehe es »drüben« gut, er lasse sie grüßen und bitte sie, nicht länger so traurig zu sein. Eine tröstliche Botschaft – aber so recht vermag sie an diese

Art Jenseitskontakte doch nicht zu glauben. Sie fragt mich eindringlich, was ich darüber denke, was mit Seelen von »Selbstmördern« geschehe. Ich antworte ihr mit den Zeilen aus Rilkes Herbstgedicht:

Herbst
Die Blätter fallen, fallen wie von weit,
als welkten in den Himmeln ferne Gärten;
sie fallen mit verneinender Gebärde.

Und in den Nächten fällt die schwere Erde
aus allen Sternen in die Einsamkeit.

Wir alle fallen. Diese Hand da fällt.
Und sieh dir andre an: es ist in allen.

Und doch ist Einer, welcher dieses Fallen
unendlich sanft in seinen Händen hält.[200]

Diese Worte kann sie annehmen, als tiefen Trost empfinden. Sie macht sie gewissermaßen zu ihrem Mantra und verbindet es in ihrer Imagination mit tragenden Händen, die auch ihr eigenes Fallen in dieser schweren Trauerkrise sanft halten. In ihr wächst langsam ein Gefühl von Etwas, das Leben, Sterben und Tod umfasst, etwas Tragendes nennt sie es und zögert, ob sie es mit dem alten Namen »Gott« bezeichnen soll. Aber ist das wichtig? Das Tao, das gesagt werden und benannt werden kann, ist nicht das Tao.

Versuche, in einer Selbsthilfegruppe für Trauernde Unterstützung zu finden, bricht sie nach kurzer Zeit ab. Noch kann sie das Leid der anderen nicht in Mitgefühl mit aushalten und tragen. Ihr eigener Schmerz und ihr Leid sind für sie eine zu sehr drückende Last.

Ihre Therapiestunden sind ihr Halt.

Ganz langsam bahnt sich die Rückkehr ins Leben an, kommt wieder ein Gefühl für ihr eigenes Leben und dafür, wie kostbar Lebenszeit ist. »Es geht ja um mein Leben«, kann sie jetzt sagen und lang vernachlässigte Kontakte wiederaufnehmen.

Rückkehr ins Leben, wieder Hoffnung finden, das Leben für sich selbst wieder bejahen und ihm Sinn zusprechen können, das sind für mich spirituelle, numinose Erfahrungen, Wunder, die ich in der therapeutischen Begleitung von Menschen immer wieder miterleben darf.

6. Liebe – die heilende Kraft in der therapeutischen Beziehung

In der Psychotherapie ist es möglich, dass die transformierende Kraft der Liebe wirksam wird. Der Therapieraum kann dann in besonderen Momenten zu einem *temenos*, einem »heiligen Bezirk«, werden.

Das, was sich in der Begegnung zweier Menschen in den Rollen des Therapeuten und des Patienten ereignet, ist eine besondere Beziehung, die für mich auch nach über fünfzig Jahren therapeutischer Erfahrung noch immer etwas Geheimnisvolles hat, das ich in einem Satz von C. G. Jung angedeutet finde: »Das lebendige Geheimnis des Lebens ist immer zwischen Zweien verborgen, und es ist das wahre Mysterium, das Worte nicht verraten und Argumente nicht erschöpfen können.«[201]

Ich möchte zunächst auf die zwei Wörter »Therapie« und »Eros« eingehen, um dann den Raum der Therapie und die Beziehung zwischen beiden, Therapeut:in und Patient:in, näher auszuleuchten und vor allem nach jenen besonderen Momenten zu suchen, in denen etwas Entscheidendes geschieht, eine Veränderung, eine Wandlung, etwas Heilsames, etwas, wo im Kräftefeld der transformierenden Liebe eine Art Sprung passiert.

Das Verb *therapeúein* bedeutet: dienen, Dienst tun, pflegen, sorgfältig behandeln, aufwarten, begleiten, gut für etwas sorgen. Ein Psychotherapeut, eine Psychotherapeutin ist also ein Mensch, der die Seele pflegt und behandelt und auch ein Weggefährte oder eine Weggefährtin ist.

Die therapeutische Gefährtenschaft ist jeweils etwas sehr Besonderes. Manche Therapien habe ich als einen Kampf mit der Patientin um ihr Leben, ihr Lebensrecht und ihre Lebensmöglichkeiten erlebt, manche als ein gemeinsames Ringen mit einem Mutterdrachen oder einem Vaterungeheuer im Hintergrund. Manche Passagen in der Begleitung eines Patienten oder einer Klientin waren eher philosophisch-sokratische Gespräche über die rechte Lebenskunst und den Sinn des Lebens, in anderen war es eine Art Flick- und Webearbeit, die verworrenen und abgerissenen Lebensfäden eines Menschen mit ihm zusammen wieder zu ordnen und im Gewebe seines Lebens neu zu verknüpfen, mit alten Wunden so umzugehen, dass etwas verheilen konnte unter bleibenden Narben.

Welche Inhalte auch immer die Zusammenarbeit und die zeitweise Begleitung eines Menschen auf seinem Lebensweg hat, immer wieder auch unter dem Druck von Übertragungen – alles steht unter dem Einfluss von Eros (oder lat. Amor), dem Gott der Liebe, von dem der »therapeutische Eros« bestimmt ist. Was ist mit diesem Begriff gemeint?

Das Wort Eros lässt heutige Menschen weitaus eher an »Eros-Center« denken als an einen griechischen Gott, der einstmals als der Mächtigste der Götter angesehen wurde, weil alle, Menschen und alle Götter und Göttinnen in ihrem Liebesstreben, seiner Macht unterlagen. Nach unserem heutigen Verständnis ist Eros ein Prinzip der Bezogenheit. C. G. Jung betont: »Bezogenheit [ist] eine natürliche Eigenschaft der menschlichen Psyche.«[202] Sie erscheint, wo Menschen in Kontakt zueinander treten. In diesem Sinne ist Eros für Jung stets »etwas Reales und Beobachtbares«[203]. Er formuliert kurz und knapp: »Man könnte den Begriff des Eros in moderner Sprache als seelische Beziehung [...] ausdrücken.«[204]

Der therapeutische Eros und die therapeutische Beziehung

Der therapeutische Eros ist eine Form der Bezogenheit, die sich auf Seiten des Therapeuten, der Therapeutin als eine fürsorgliche, ermutigende, schützende Begleitung zeigt. Er bzw. sie stellt sich in den Dienst des Selbst des Patienten. Es ist eine uneigennützige Form der Liebe und Zuwendung.[205]

Der therapeutische Eros bestimmt das je förderliche Maß an Nähe und Distanz, an *holding* und auch an herausfordernder Konfrontation; er gibt den Raum für Entwicklung und Nachreifung. Ingrid Riedel beschreibt diese Bezogenheit als ein »Mutterfeld«, es ist »ein Raum des Seins, einer fraglosen, selbstvergessenen Teilhabe am Leben […], einer Zugehörigkeit, die noch vor allem Leistungsanspruch besteht und die es ermöglicht, die heilenden Lebenskräfte aus dem Unbewußten aufsteigen zu lassen.«[206] Auf Seiten des Patienten geht es um »das Gefühl eines primären Getragenseins«[207].

Lutz Müller und Dieter Knoll schreiben in ihrem Buch *Ins Innere der Dinge schauen* über die therapeutische Beziehung: »Für diese Art von Begegnung und Beziehung steht das archetypische Symbol des Eros. […] Immer, wenn Beziehungen entstehen und Menschen auf so tiefer Ebene miteinander arbeiten, wie es in einer Therapie der Fall ist, ist Eros anwesend, indem er die Seelen auf vielfältige Weise miteinander verknüpft und manchmal auch verstrickt.«[208] In diesem Sinne forderte Jung bereits 1934 in seinem Aufsatz *Zur gegenwärtigen Lage der Psychotherapie:* »Der Psychotherapeut sollte nicht mehr dem Wahne huldigen, daß die Neurosenbehandlung nichts erfordere als die Kenntnis einer Technik, sondern er sollte sich restlos darüber klar werden, daß die seelische Behandlung eines Kranken eine Beziehung ist, in welcher der Arzt ebensosehr darinsteht wie der Patient. Eine wirkliche seelische Behandlung kann nur individuell sein, weshalb auch die beste Technik nur relativen Wert besitzt.«[209]

Der therapeutische Eros entsteht also im Zwischenraum zwischen Therapeut:in und Patient:in. Von Seiten des Patienten, der Patientin wird er durch das Sich-Einlassen auf die Therapie und die Person des Therapeuten, der Therapeutin ermöglicht – nicht ohne Angst, Ambivalenzen und Widerständigkeit, in einem gewissen »Dennoch will ich's mit ihr oder ihm versuchen«.

Es ist heute im Bereich der Psychotherapie unbestritten und mehrfach auch in empirischen Studien nachgewiesen, dass die therapeutische Beziehung das Herzstück der Therapie ist. Mehrfach wurde in empirischen Studien nachgewiesen, dass Beziehung der zentrale Wirkfaktor für Veränderungen und für den Erfolg von Therapie ist. 85 % der therapeutischen Wirkung sind auf Beziehungsvariablen zurückführbar, die restlichen 15 % auf Methoden. Die Beziehung ist also das A und O.

Die therapeutische Beziehung ist keine Technik, die angewendet werden kann. Sie ist vielmehr ein Prozess zwischen beiden Beteiligten. Der Beziehungsaufbau muss eine wesentliche Vertrauensbasis schaffen, auf der schwierige Auseinandersetzungen und angstbesetzte Veränderungen möglich werden. Die therapeutische Beziehung selbst ist ständig in Entwicklung und Veränderung, zeigt sich zu Therapiebeginn anders als im Verlauf oder am Ende einer Therapie. Entscheidend im therapeutischen Prozess ist die Qualität der Beziehung, sie ist der Veränderungskatalysator und bestimmt auch mit, welche therapeutischen Techniken und Methoden für einen Patienten, eine Patientin hilfreich sein können.

Die therapeutische Beziehung selbst ist in schwierigen Zeiten auch immer wieder störanfällig und kann Verstörungen erfahren. Hierbei spielen Übertragungen eine große Rolle. Es kann zu sehr komplexhaften, unbewussten Verstrickungen und zu Krisen bis hin zu Grenzüberschreitungen kommen.

Die Berliner Psychotherapeutin Eva Jaeggi betont in ihrem Buch *Liebe und Heilung. Neue Perspektiven in der therapeutischen Beziehung*[210], wie sehr sich in den vergangenen Jahrhunderten die Vorstellungen über Beziehung und zwischenmenschliche Umgangsformen insgesamt verändert haben. Das heißt, dass auch die therapeutische Beziehung historischen Wandlungsprozessen unterworfen war und ist. Insbesondere die Humanistische Psychologie hat wesentlich zu einem Wandel der therapeutischen Beziehung beigetragen – vor allem die zugewandte, warmherzige und feinfühlige Form einer authentischen therapeutischen Beziehung, wie Carl Rogers sie beschrieb und für unabdingbar hielt.

Auch die Ziele einer Therapie haben sich historisch gesehen gewandelt, von der Betonung der Heilung von psychischem Leiden und der Beseitigung von Symptomen über vertiefte Selbsterkenntnis, Einsicht in seelische Grundkonflikte und Veränderung der Person bis hin zur Förderung von Entwicklung und Reifung sowie zur Identitätssicherung. Es sind ja vor allem Beziehungen, die unsere Identität bestärken und sichern.

Was sind Merkmale und Besonderheiten der therapeutischen Beziehung? Zunächst einmal gilt: Die therapeutische Beziehung ist die tragende Basis jeder Psychotherapie. Sie hat verschiedene Ebenen. Neben dem therapeutischen Arbeitsbündnis gibt es die reale zwischenmenschliche Ebene, die Übertragungs- und Gegenübertragungsebene sowie eine transpersonale Ebene.

In der Fachliteratur fällt auf, dass die tiefenpsychologischen Schulen sich am intensivsten mit den Themen Übertragung und Gegenübertragung beschäftigt haben; weitaus weniger Beachtung fand die Bedeutung der realen zwischenmenschlichen Ebene.

Eine Besonderheit der therapeutischen Beziehung ist ihre rollenmäßig vorgegebene Asymmetrie. Diese bestimmt auch die Verpflichtungen und Erwartungen auf Seiten von Therapeut:in und Patient:in.

Die Therapeut:innen haben besondere Verpflichtungen, und zwar zuallererst den uralten ärztlichen Grundsatz zu beachten, den Patient:innen nicht zu schaden. Sodann gilt, ihnen bei ihren Anliegen zu helfen, ihre Autonomie zu achten sowie ihnen Wertschätzung und Akzeptanz entgegenzubringen.

Menschen, die in die Therapie kommen, erwarten Angenommensein, Unterstützung, Entlastung, Entängstigung, Verständnis, Hilfe zur Veränderung, Wohlwollen, Achtung, Vertrauenswürdigkeit und Verschwiegenheit sowie Kompetenzen des Therapeuten.

Therapeut:innen erwarten Anerkennung und Wertschätzung als Experten, darüber hinaus Befriedigung und Selbstverwirklichung im Beruf.

Die Persönlichkeiten von Therapeuten und Patienten müssen zusammenpassen, wobei Alter, Geschlecht, kulturelle Herkunft, emotionale und kognitive Faktoren eine Rolle spielen. Passungsprobleme können sich in Bezug auf die Störungen der Patientin und das methodische Handwerkszeug der Therapeutin ergeben sowie im Hinblick auf institutionelle Faktoren und Rahmenbedingungen.

Die Aufgabe des Therapeuten besteht vor allem darin, sein fachliches Wissen, seine professionelle Kompetenz und sein Erfahrungswissen in die gemeinsame Arbeit einzubringen und dem Patienten bei der Auseinandersetzung mit seiner Lebensgeschichte, seinen Problem- und Konfliktthemen, seinen Entwicklungshemmungen, seiner Lebensgestaltung und Reifung zu helfen, die schöpferischen Kräfte der Seele im Sinne des Individuationskonzepts der Analytischen Psychologie wieder in Fluss zu bringen. Die Therapeuten sind Sicherheit gebende Begleiter durch die Innen- und Außenwelt.

Zu einem guten Therapeuten gehört auch die selbstreflexive Achtsamkeit für das eigene Befinden, das Umgehenkönnen mit den spezifischen psychischen Belastungen und kommunikativen Anforderungen dieses Berufes, mit Idealisierungen und Entwertungen. Für den Schutz vor Burnout ist die Balance durch ein persönlich erfüllendes Leben wesentlich.

Beide, Therapeut:in und Patient:in, konstruieren die therapeutische Beziehung. Der Therapeut stellt den Raum dafür zur Verfügung. Das Unbewusste und Bewusste von beiden bestimmt und gestaltet die Beziehung. Das therapeutische Bündnis, das beide eingehen, basiert auf Freiwilligkeit, Gemeinsamkeit in den Zielen und Vertrauen; es beinhaltet Abmachungen und organisatorische Regelungen der Zusammenarbeit. Das Arbeitsbündnis ist aber noch mehr. Hans Dieckmann betont, dass es keine rational bestimmte Abmachung ist: »Dieses Bündnis kann man nicht ›machen‹. Es geht im Grunde genommen nicht vom bewußten Ich aus, sondern stammt aus der tieferen Schicht des Selbst.«[211] Ich würde das, was Dieckmann die »tiefere Schicht des Selbst« nennt, als die transpersonale Ebene bezeichnen, auf die ich weiter unten noch näher eingehen werde. Zunächst geht es um die Darstellung der realen Beziehungsebene.

Aus meiner Ausbildung in Gesprächspsychotherapie sind mir die Anforderungen, die Carl Rogers an einen guten Therapeuten stellt – Echtheit, Wertschätzung, Authentizität – bleibend wichtig geblieben, insbesondere sein hoher Anspruch an die Emphathiefähigkeit. Er meint damit, in die subjektive Erlebniswelt eines anderen Menschen so einzutauchen, dass ich mich wie vertraut darin bewegen kann, um behutsam und feinfühlig die Bedeutung zu erspüren, die etwas für die Patientin, den Klienten hat, und ihr bzw. ihm ein Gefühl von Sicherheit zu vermitteln. Rogers sagt: »Man ist für diese Person ein Begleiter durch ihre innere Welt, bei dem sie sich sicher fühlen kann.«[212]

Carl Rogers beschreibt also schon 1975, was wir heute aus der entwicklungspsychologischen Bindungsforschung wissen: Nicht nur Kinder, sondern auch Erwachsene brauchen bei ihrem Explorieren ihrer inneren Welt eine sichere Bindung an den Therapeuten, die Therapeutin.

Die Arbeit von Therapeutin und Patientin ist dann, sich miteinander in der seelischen Innenwelt der Patientin zu bewegen und gemeinsam »Verstehenshypothesen«[213] für das zu entwickeln, was die Patientin als ihre innere Wahrheit erfährt.

Chancen und Gefahren der therapeutischen Beziehung

Die therapeutische Beziehung hat Chancen, Grenzen und Gefahren. Die Chancen beziehen sich auf Befreiung, Entwicklung und Heilung. Diese Aspekte werden von den verschiedenen Therapierichtungen unterschiedlich benannt und beschrieben. Und auch wenn viele Kolleg:innen sich heute eher scheuen, von Heil und Heilung zu sprechen, ist das, was mit diesen Worten gemeint ist, unverzichtbar. Der Arzt und Nobelpreisträger Bernard Lown hat in seinem Buch *Die verlorene Kunst des Heilens. Anleitung zum Umdenken*[214] ein eindringliches Plädoyer für das Heilende im achtsamen Zuhören und bezogenen Gespräch gehalten – ein wegweisendes Buch, das die Summe seiner Lebenserfahrungen in der Heilkunst enthält.

In den Wünschen und Sehnsüchten nach Heilwerden und Heilung steckt gewiss auch ein utopisches Potential. Die heutige Psychotherapie ist aber realistisch und bescheiden, was ihre Möglichkeiten angeht. Zwei Stimmen dazu:

Eva Jaeggi schreibt in ihrem Buch *Liebe und Heilung*: »War Heilung von psychischen Störungen und Leiden im 19. und 20. Jahrhundert noch das vorrangige Ziel der Behandlung, so gilt für die heutige Zeit: Wir haben […] längst nicht mehr die Naivität zu glauben, dass Therapie immer die ganz große und endgültige ›Heilung‹ hervorbringt. Auch bei noch so befriedigender therapeutischer Beziehung ist sie selten zu erreichen. Realistisch ist es, eine Symptomverbesserung zu erzielen, ein adäquateres Umgehen mit immer wieder auftauchenden Problemen und auch Symptomen. […] Der ›depressive‹ Patient wird mit seinen immer wieder auftauchenden Verstimmungen anders umgehen können, wenn die Therapie Erfolg hat. Dass er nach einer Therapie depressionsfrei durch das Leben gehen wird […], das glaubt auch der naivste Therapeut nicht mehr.«[215]

Günter Hole, Psychiater und Psychotherapeut, sagt: »Das Unvollkommene in der Heilung und im Heil ist der Realfall und Regelfall, und von ihm her bestimmt sich unser Alltag. Ihn [diesen Regelfall] trotzdem und gerade umso mehr positiv aufzuwerten, ist eine dankbare, wenn auch oft schwere Aufgabe.«[216] Es geht um das Annehmen eines Leidens, das bleibt.

Neben ihren Chancen hat die therapeutische Beziehung auch Gefahren, auf die ich im Folgenden kurz hinweisen möchte.

Allgemein akzeptiert ist, dass im therapeutischen Raum ethische Grundsätze und berufsspezifische Normen gelten. Grenzverletzungen durch unterschiedliche Formen von Missbrauch von Macht und Abhängigkeit sind Risiken und Gefahren in der Therapie. Auch Therapien sind nicht frei davon. Es gibt Missbrauch in der Therapie mit schweren Folgeschäden für die davon betroffenen Patientinnen – es sind zumeist Frauen. Zur Missbrauchsproblematik zähle ich sexuellen und emotionalen Missbrauch, narzisstisches Ausnutzen von Patient:innen, ebenso ökonomischen Missbrauch – Themen, die hier nicht weiter vertieft werden können.

In der Berufsgruppe der Psychotherapeut:innen gibt es Neigungen, das Gelungene und die Erfolge der Therapie dem eigenen Können und dem eigenen Einfluss zuzuschreiben, die Misserfolge und Schwierigkeiten hingegen der Abwehr der Patient:innen, ihren Lebensumständen, dem Schweregrad der Störungen bzw. den schwierigen Setting-Bedingungen. Der narzisstische Anteil an der Macht der Therapeutenrolle darf nicht geleugnet werden, und vor der narzisstischen Ausbeutung von Patient:innen schützt wohl am besten, wenn Therapeut:innen sich immer wieder um die eigenen Wunden und Beschädigungen und um die eigene Weiterentwicklung an dafür geeigneten Orten kümmern.

Was ist von C.G. Jung für die Psychotherapie zu lernen?

An zahlreichen Stellen in seinem Gesamtwerk beschäftigt sich Jung mit der Rolle des Arztes bzw. des Psychotherapeuten und seinen Aufgaben und macht Aussagen, die auch heute noch wegweisend sind für die therapeutische Praxis und die Ausbildung im therapeutischen Beruf: »Jeder Psychotherapeut hat nicht nur seine Methode: *er selber ist sie.* [...] Der große Heilfaktor der Psychotherapie ist die Persönlichkeit des Arztes [...].«[217] An anderer Stelle schreibt er: »Alles hängt davon ab, ob ich die Sprache des Patienten erlernen kann und dem tastenden Suchen seines Unbewußten nach einem Weg zum Licht zu folgen vermag. Der eine braucht dies, und der andere das Gegenteil davon. Solcher Art sind die Unterschiede zwischen den Individuen.«[218]

Jung verlangt: »Der Therapeut muß sich jederzeit Rechenschaft darüber ablegen, wie er selber auf die Konfrontation mit dem Patienten reagiert. Man reagiert ja nicht nur mit dem Bewußtsein, sondern man muß sich immer auch fragen: wie erlebt mein Unbewußtes die Situation?«[219] Und er betont: »Der Prüfstein jeder Analyse, die sich nicht mit einem teilweisen Erfolg zufrieden gibt oder erfolglos zum Stillstand kommt, ist immer diese Mensch-zu-Mensch-Beziehung. In dieser psychologischen Situation steht der Patient dem Arzt als Gleichberechtigter gegenüber [...].«[220]

Jung hat für die therapeutische Beziehung immer wieder das Symbol des *vas hermeticum* aus der Alchemie benutzt und damit darauf hingewiesen, dass in diesem geschlossenen Gefäß beide, Therapeut:in und Patient:in, wesentlich beeinflusst und verändert, regelrecht durchgeschüttelt werden. Gleichzeitig ist Normalität in der Begegnung zwischen den beiden für Jung ein wichtiger Leitwert. So berichtet er: »Oft kommen Leute zu mir in der Erwartung, ich würde jetzt einen medizinischen Zauber loslassen. Dann sind sie enttäuscht, wenn ich sie wie normale Menschen behandle und mich wie ein normaler Mensch benehme.«[221]

Ebenso wichtig ist ihm, die Begegnung und die Arbeit mit jedem Menschen wirklich als etwas Neues zu beginnen. So sagt er: »Meine im Lauf von sechzig Jahren gesammelte Erfahrung und Menschenkenntnis hat mich gelehrt, jeden einzelnen Fall als ein neues Erlebnis zu betrachten, bei dem es zuallererst darauf ankommt, den individuellen Zugang zu finden.«[222] Und er warnt eindringlich, sich nicht verführen zu lassen von der Projektion des Archetyps des großen Heilers und Erlösers, die er als Gefahr und Risiko des Berufs ansieht. Wie groß die Gefahr der Verführung durch solche archetypischen Bilder ist, hängt davon ab, »bis zu welchem Grad der Arzt selber seiner eigenen psychischen Problematik gewachsen ist«[223]. Denn: »Nur das, was einer wirklich ist, hat heilende Kraft.«[224]

Der besondere Moment: Wandlungsphänomene im Prozess der Therapie

Einen neuen Blick im Sinne einer Zwei-Personen-Psychologie bietet das von Daniel Stern und der Boston Change Process Study Group (BCPSG) entwickelte Paradigma »Veränderungsprozesse«[225]. Die Forschenden kamen ursprünglich aus der mikroanalytischen Kleinkindforschung mit ihrem spezifischen Verständnis von Intersubjektivität und impliziter Kommunikation. Sie wandten sich nun dem Therapeuten-Patienten-Paar zu mit dem Vorsatz, mit ihrem Wissen aus der Kleinkindforschung Veränderungsprozesse in der Psychotherapie zu erhellen.

Stern und seine Forschungsgruppe untersuchten wechselseitige Regulierungen in therapeutischen Prozessen. Ihre Frage war: Was genau bestimmt die Qualität der therapeutischen Beziehung und was sind die besonderen Momente des Austausches, in denen beide, Therapeut:in und Patient:in, in ganz besonderer Weise sie selbst sind?

Die Forschenden richteten ihr Augenmerk auf ganz besondere Momente, in denen sich etwas Unvorhergesehenes, Nichtlineares und Emergentes ereignet: Geschehnisse, die von beiden, Therapeut:in und Patient:in, kokreativ als verändernde Momente von besonderer impliziter Bedeutung hervorgebracht werden – als Momente, in denen Patient:innen eine persönliche, authentische Verbindung zum Therapeuten erleben, Augenblicke, die ihre Beziehung zu ihm und auch ihre Selbstwahrnehmung verändern. Stern und seine Forschungsgruppe nennen sie *moments of meeting* bzw. »Begegnungsmomente«, zu denen jeder Beteiligte etwas Einzigartiges beiträgt. Sie sprechen auch von *now moments*, »Gegenwartsmomenten«, die »subjektiv und affektiv als einschlagend erlebt werden und die Beteiligten verstärkt in die Gegenwart hineinziehen«[226]. Man könnte das Geschehen auch mit dem griechischen Begriff des »Kairos« bezeichnen, als schicksalhaften Moment in der Patient:in-Therapeut:in-Beziehung. Es geht um solche Momente, in denen sich für beide etwas Besonderes ereignet und in der Beziehung sich etwas implizit verändert. Es muss nicht verbal thematisiert werden, kann aber nachträglich besprochen werden.

Stern und seine Forschungsgruppe verstehen die dyadische Therapeut:in-Patient:in-Beziehung als einen fortlaufenden Prozess, bei dem die Partner einander kennenlernen. In diesem Prozess ereignen sich die Momente, »in denen sie in eine andere Form des Zusammenseins und Aufeinander-Bezogenseins eintreten, in einen anderen unmittelbar gelebten Fluss«[227].

Und woran bemisst sich die Qualität der therapeutischen Beziehung in den weniger dramatischen Momenten? Was ist mit dem ganz normalen therapeutischen Prozess? Er wird, so Stern, bestimmt »durch das unablässige Suchen nach dem nächsten gemeinsamen Schritt und durch das gemeinsame Ausprobieren«[228].

Prozesse der wechselseitigen Anpassung sind nicht geradlinig.

Es braucht immer wieder ein Bemühen von beiden Seiten, bei Missverstehen und unterschiedlichen Einschätzungen nach dem Gemeinsamen zu suchen und Krisen im Prozess einer Psychotherapie unter dem Doppelaspekt der Schwierigkeiten und Chancen zu sehen. Stern und seine Forschungsgruppe betonen, dass von der Therapeutin die Bereitschaft erwartet wird, ihre Lebenserfahrungen und subjektiven Sichtweisen mit einfließen zu lassen und sie hinterfragen zu können. Die Patientin hat die Chance, neue Beziehungserfahrungen zu machen und die Beziehung aktiv mitzugestalten.

Mir fielen bei der Beschäftigung mit diesem Konzept spontan eine Reihe solcher ganz besonderen, Therapie entscheidenden Momente – *moments of meeting*, »Begegnungsmomente« oder *now moments*, »Gegenwartsmomente« – ein:

- das beiderseitige tiefe Angerührtsein von der Botschaft eines Traumes, der die aktuelle Problematik des Patienten perfekt ins Bild setzt,
- das Ritual der Handreinigung bei einer Patientin, die einen sexuellen Missbrauch über ihre Hände erlebt hatte,
- ein Streicheln über den Kopf einer Patientin bei einem lange zurückgehaltenen erlösenden Weinen,
- ein kleines Geschenk an eine Patientin: eine Kerze für schwere Stunden der Trauer,
- ein Haiku, das eine Situation mit wenigen Worten erhellte,
- ein selbst verfasstes Gedicht einer Patientin, das sie mir zum Geschenk machte,
- ein gemeinsames befreiendes Lachen nach Auflösung eines Beziehungskonfliktes zwischen Therapeutin und Klient,
- eine überraschende Lösung für ein Problem, die sich in einer rasch hingeworfenen Skizze eines Familiensoziogramms enthüllte, die uns beiden schlagartig etwas klarmachte, wonach wir gesucht hatten.

In dem nachfolgenden Fallbeispiel geht es um solche berührenden »Begegnungsmomente« bzw. »Gegenwartsmomente«.

***Moments of meeting* bzw. *now moments* in einer Therapie**

Frau F., Mitte fünfzig, von Beruf Sozialpädagogin, ist seit fünfeinhalb Jahren arbeitslos. Sie hatte vor fünf Jahren wegen ihres Partners ihren Beruf und ihre Wohnung im Rheinland aufgegeben und war ins Münsterland gezogen. Nun ist der Halt aus einer langjährigen Beziehung zerbrochen, sie muss ausziehen, sich wieder eine Wohnung für sich allein suchen. Sie ist deprimiert wegen der immer erneut erfahrenen Ablehnung bei den Bewerbungen. Sie bewirbt sich zwar weiter, ist aber schon lange nicht mehr zu einem Vorstellungsgespräch eingeladen worden. Früh erfahrene Ablehnung von älteren Geschwistern und gescheiterte vorherige Beziehungsversuche sind wieder reaktualisiert. Der Weg in die Therapie ist ihr Versuch, den Mut nicht ganz zu verlieren. Und wir können uns aufeinander einlassen.

Ich will nicht von allen ersten Phasen der biographischen therapeutischen Arbeit berichten, sondern eine Episode herausgreifen, als sie wieder so weit war, einen erneuten Anlauf für eine Bewerbung und ein Vorstellungsgespräch zu wagen. Ich schlage ihr vor, im Rollenspiel mit mir die Szene eines Bewerbungsgesprächs durchzuspielen – ein für sie überraschender Vorschlag. Aber sie lässt sich darauf ein. Ich übernehme die Rolle eines Geschäftsführers, der für die Personalfragen und die Einstellung zuständig ist.

Wir wiederholen mehrfach Rollenspiele mit anschließendem Feedback, die einen steigenden Schwierigkeitsgrad bezüglich unangenehmer Fragen zu ihrer Situation haben. Ich zeige deutlich, wie sehr es mir gefällt, dass sie bei jedem Durchgang besser wird, sich klarer ausdrückt, im Kontakt bleibt, Fragen gut beantwortet und Auskunft über sich gibt, gebe ihr positives Feedback. Spontan sage ich beim vorletzten Durchgang: »So haben Sie mich richtig überzeugt, so könnte ich Sie einstellen!« Sie strahlt mich an, spürt, dass sie einen Durchbruch im Rollenspiel geschafft hat. Wir freuen uns miteinander, sind in diesem Moment eng verbunden in dem Bemühen um eine neue Chance für sie. Sie selbst hat sich im Rollenspiel erfolgreich erlebt, konnte eine wichtige Erfahrung von Selbstwirksamkeit machen.

Es ist ein ganz besonderer Moment, in dem sich spürbar etwas in ihrem Selbstbild verändert, sie sich – für mich sichtbar – innerlich und im Körper aufrichtet, ihr Zutrauen zu sich wieder gestärkt ist. Sie geht anders aus der Stunde, gibt mir etwas anders die Hand beim Abschied. Etwas Heilsames war geschehen, im zwischenmenschlichen Raum. Hier hat etwas gewirkt, das sie und mich verband, und es war nicht allein die verhaltenstherapeutische Übung, sondern ein numinoser Moment der Verbundenheit.

So war ich auch nicht sehr überrascht, als ich in der darauffolgenden Woche vom positiven Ausgang des Vorstellungsgesprächs hörte. Die Probezeit konnte sie dann auch überstehen; beruflich hat sie wieder Fuß gefasst.

Es sind diese besonderen Momente, die das »Geheimnis des Lebens, das zwischen Zweien verborgen ist«, ausmachen können, wo zwei »auf einer Wellenlänge« sind und der Therapieraum zum *temenos*, zum heiligen Bezirk wird, in dem sich etwas Heilendes, Heiliges ereignet, spontan und unvorhersehbar, ohne dass es als etwas Großartiges daherkommt.

Der therapeutische Eros und die transpersonale Ebene der Therapie

Heilung und psychotherapeutische Behandlung sind nicht etwas, das ein Mensch für und an einem anderen tut. Es ist eine spezifische Form von Beziehung und Verbundenheit, ein Prozess, der sich innerhalb der Beziehung zwischen einem Therapeuten, einer Therapeutin und einem Heilung suchenden Menschen entwickelt. Das Geschehen ist für beide, wenn auch auf unterschiedliche Weise, existentiell bedeutsam und nur auf einer Basis von Vertrauen und therapeutischem Eros, als Heilung in der Begegnung möglich. Ich stimme der Kollegin Ursula Wirtz sehr zu, wenn sie schreibt: »Psychologische Theorien und analytisches Handwerkszeug reichen nicht aus, um einen Menschen in diesen Heilungs- und Wandlungsprozess hineinzubegleiten. Ohne die Liebe, ohne den wirklichen Dialog, der mehr ist als empathisches Verstehen, kann die Seele nicht heil werden. Es braucht die wahre Begegnung in der Therapie, das Sich-Hineinlassen in den anderen und das Abrücken von der Haltung des ›Als-Ob‹«.[229]

Liebe gehört zu den intensivsten Erfahrungen, die Menschen machen können, zum »Höchsten und Tiefsten der Seele«. In *Erinnerungen, Träume, Gedanken* sagt C. G. Jung: »Meine ärztliche Erfahrung sowohl wie mein eigenes Leben haben mir unaufhörlich die Frage der Liebe vorgelegt, und ich vermochte es nie, eine gültige Antwort darauf zu geben. [. . .] Es geht hier um Größtes und Kleinstes, Fernstes und Nahestes, Höchstes und Tiefstes, und nie kann das eine ohne das andere gesagt werden. Keine Sprache ist dieser Paradoxie gewachsen. Was immer man sagen kann, kein Wort drückt das Ganze aus. Von Teilaspekten zu sprechen, ist immer zuviel oder zuwenig, wo doch nur das Ganze sinngemäß ist.«[230]

Ursula Wirtz und Jürg Zöbeli versuchen gleichwohl in ihrem Buch *Hunger nach Sinn* dieses so schwer Sagbare, das Wirken der Liebe im Raum der Therapie, in Worte zu fassen: »Psychotherapie kann in diese letzte Tiefe hinabreichen, an die Schwelle des Unsagbaren und Geheimnisvollen, wo Sinn, Religiosität und Liebe beheimatet sind. Wenn in einer therapeutischen Begegnung diese Ebene berührt wird und ›sein‹ darf, ist Heil und Heilung möglich. Dann offenbart sich der letzte Sinn in der Liebe [. . .].«[231]

Ich will versuchen, es einmal so zu sagen: Was sich in der Psychotherapie ereignet, geschieht auf der transpersonalen Ebene einer subtilen Verbundenheit. Wir sind Teile eines Kraftfeldes der Liebe: interaktiv, im Austausch, in Seelenberührung. Das Leid und der Schmerz des anderen Menschen werden zu den Meinigen – in einem tiefen Mit-Gefühl und Erkennen. Umgekehrt werden meine Kraft, mein Verstehen und meine Zuversicht zu seinen Energien, vermögen sie sein Potential an Selbstheilungskräften anzustoßen und zu verstärken.

Und für die Therapeutin ist das Helfen- und Geben-Dürfen und -Können etwas, das sie beschenkt und bereichert, mit tiefen Einsichten. Es ist ein Austausch, ein Geben und Nehmen.

Die transpersonale Ebene der Therapie ist die Erfahrung des

Bezogenseins und Aufgehobenseins in einem Größeren und Umfassenderen, dem Kraftfeld einer universalen Liebe, das nur mit spirituellen Begriffen beschreibbar ist: als der Urgrund, das Absolute, das Transzendente. Es geht um ein erweitertes Bewusstsein einer Verbundenheit mit allem, was ist. Auch die Quantenphysik sagt uns heute, dass es keine getrennten Teile gibt und dass alles miteinander verbunden ist. Dies meine ich mit der transpersonalen und transzendenten Ebene der Therapie, die ermöglicht, in andere Bewusstseinsräume zu gelangen, in denen Antworten auf die Frage nach dem Sinn des Lebens auftauchen und die »Wirklichkeit hinter der Wirklichkeit« erfahrbar wird.

Die Heilkraft der Liebe

Das Paradigma der Heilung mit Liebe wird heute durch zahlreiche empirische Forschungsergebnisse in vielen Bereichen der Medizin und Psychotherapie gestützt, auch wenn wir insgesamt über die Störungen und die Pathologie von körperlichen und seelischen Krankheiten noch immer weitaus mehr wissen als über die Heilkräfte von liebevoller Zuwendung und Behandlung.

Bereits vor fast 25 Jahren stellte der amerikanische Herzspezialist Dean Ornish in seinem Buch *Die revolutionäre Therapie: Heilen mit Liebe*[232] wissenschaftliche Studien zusammen, die belegen, dass Liebe, Zuwendung und menschliche Nähe für unsere körperliche und seelische Gesundheit und für das Überleben äußerst wichtig sind. Sie helfen, Stress abzubauen, vermehren die Anzahl der Immunzellen, schützen vor Infektionen und Erkrankungen.

Ornish beschreibt, dass Gruppentherapien, in denen die Mitglieder sich gegenseitig stützen, Nähe, Akzeptanz erfahren, Gefühle ausdrücken und tragfähige soziale Bindungen entwickeln, sich positiv auf den Krankheitsverlauf bzw. die Gesundung auswirken. Frauen, die an Brustkrebs erkrankt waren und an einer Gruppentherapie teilnehmen konnten, lebten sehr viel länger als Frauen ohne den unterstützenden emotionalen Halt der Gruppe.[233]

Schon einfache, liebevolle Gesten der Zuwendung und Berührung haben heilsame und fördernde Wirkungen. Heilende Berührung und die Heilkraft menschlicher Nähe entdecken wir heute erst wieder: Forschende an der Medizinischen Fakultät der Universität von Miami fanden heraus, dass frühgeborene Kinder um 50 % mehr an Gewicht zunahmen und zehn Tage eher entlassen werden konnten, wenn sie dreimal am Tag für 15 Minuten gestreichelt wurden. Hunderte von Studien belegen den heilenden Wert von Berührungen: bei Säuglingen, bei alten Menschen, bei Schwerkranken auf den Intensivstationen.[234]

Heilung, so scheint es, bedarf einer qualitativen Veränderung im Beziehungsnetz eines Menschen – in der Beziehung zu sich selbst, zu seinen Mitmenschen, zur Welt, zum Spirituellen. Im Heilungsprozess geht es darum, das Vermisste, das zu kurz Gekommene, das Verlorene zu finden, das, was der Person zu ihrer Heilwerdung und Weiterentwicklung fehlt. Dieses Netz an Verbundenheit als Teilhabe an einer ungeteilten Welt ist das Entscheidende. Gerald Hüther weist in dem von ihm und Christa Spannbauer herausgegebenen Buch *Verbundenheit*[235] auf die Notwendigkeit eines solchen neuen Paradigmas als eine neue Kultur der Beziehung und Verbundenheit für die Bewältigung der Probleme unserer Zeit eindrücklich hin.

Schon Sigmund Freud schrieb übrigens in einem Brief an C. G. Jung, die Psychoanalyse sei im Grunde eine Heilung durch Liebe. Es sei Eros, Lebenskraft, vermittelt durch den Analytiker, die sich gegen die Todeskraft, den Thanatos, im Patienten stemme.[236]

Am Schluss dieses Kapitels möchte ich nochmals versuchen, mich dem Geheimnis des therapeutischen Eros anzunähern, der transformierenden Kraft der Liebe: Wir können darum wissen, weil wir es existentiell erfahren, jenseits der Grenzen des Intellekts. In seiner kleinen, noch immer kostbaren Schrift *Die Kunst des Liebens* hilft Erich Fromm, es vielleicht besser zu verstehen. Fromm sagt, »daß wir das Geheimnis des Menschen und das des Universums niemals intellektuell begreifen werden, daß wir es jedoch trotzdem im Akt der Liebe erfassen können«[237].

So kann die Psychotherapie als Begleiten, Helfen und Arbeiten an Veränderung und Heilung letztlich als Akt der Liebe gesehen werden. Für Fromm ist die Liebe »die letzte Konsequenz der Psychologie«. Er formuliert dies so: »Die Psychologie als Wissenschaft hat ihre Grenzen, und wie die logische Konsequenz der Theologie die Mystik ist, so ist die letzte Konsequenz der Psychologie die Liebe.«[238]

7. Wege der Weisheit

> Heute ist es notwendig,
> den Ruf nach Weisheit zu vernehmen,
> denn Weisheit ist mehr als Wissen …
> Sie blickt hinter die Oberfläche der Dinge
> und sieht oder erahnt die Wahrheit,
> die hinter den Erscheinungen liegt.
> Dem weisen Blick
> geben Menschen und Dinge
> ihre Geheimnisse preis.
> SUSANNE SCHAUP[239]

Weisheit – die Voraussetzung für ein geglücktes Leben

Die Suche nach Weisheit durchzieht die Philosophiegeschichte, seit der Mensch begonnen hat, über das Leben und über sich selbst nachzudenken. Immer wieder wird auf die Begrenztheit menschlichen Wissens und menschlicher Erkenntnis verwiesen, wird auf der Suche nach Erkenntnis versucht, den Unterschied zwischen Wissen und Weisheit zu ertasten. Wissen sammelt Information, sucht objektive Daten, nutzt Kenntnisse und Expertenwissen, während Weisheit eine Lebenshaltung ist, die nach Sinn und Bedeutung fragt, nach der Kunst des rechten Lebens, der *ars vivendi*.

In der heutigen Wissensgesellschaft gilt empirisch-wissenschaftlich überprüftes Wissen als Grundlage für politisches, gesellschaftliches und auch therapeutisches Handeln. Es gibt immer mehr Daten und Informationen, immer mehr Wissen sammelt sich an, doch daraus wird nicht einfach Weisheit. Weisheit ist mehr als Wissen. Sie fragt nach Sinn und Zweck des Wissens, nach dessen verantwortlichem Einsatz. Wissen braucht Weisheit als eine besondere Fähigkeit, das jeweilige Wissen so anzuwenden, dass es dem Leben förderlich ist. In diesem Sinne ist Weisheit eine Tugend im klassischen Tugendverständnis, d. h. etwas, das zum Leben taugt, sie ist die Fähigkeit, die Dinge in größeren Zusammenhängen zu sehen und zu verstehen.

Der Unterschied zwischen Wissen und Weisheit lässt sich kurz und knapp so zusammenfassen:

- Wissen ist ein Bestand an Informationen – Weisheit versucht zu verstehen und Sinn zu entdecken.
- Wissen kann man haben – weise kann man werden.

Philosophia perennis – die ewige Weisheit

Die Spurensuche nach der Weisheit führt zurück in die Geschichte, zu verschiedenen Kulturen und spirituellen Traditionen, nach Ägypten, Griechenland, China, Indien und den indigenen Völkern der Welt. Weisheit ist etwas, wonach die Menschen seit Jahrtausenden gesucht haben, wie es – zum Teil auf Tontäfelchen eingeritzt – übermittelt ist. Sie gilt als ein universaler Wert, der sich in allen Kulturen und Religionen findet. Jahrtausende bevor die griechischen Philosophen der Antike fragten, was Weisheit sei, suchten die Menschen des Vorderen Orients danach, was weises Leben ausmacht, verehrten sie – lange vor der griechischen Athene – die ägyptischen Göttinnen der Weisheit Maat und Metis. In der jahrtausendealten chinesischen Weisheit des Tao te King geht es um den Einklang mit dem Tao, um die Harmonie in der Natur und der Gesellschaft.

Die Weisheitssuche zeigt sich im Prozess der Evolution und der menschlichen Bewusstseinsentwicklung, als eine Essenz in allen Religionen, der Mystik und Spiritualität. Die Spuren dieser *philosophia perennis*, der »ewigen Weisheit«, sind bis in das 4. Jahrtausend v. Chr. zurückzuverfolgen: im Streben des menschlichen Geistes, die Wahrheit, das Absolute, die letzte Wirklichkeit zu erkennen. Die *philosophia perennis* durchzieht die Religionen, Weisheitslehren und mystischen Erkenntniswege und wurde zu Philosophien und Religionssystemen weiterentwickelt, z. B. im Hinduismus, Buddhismus, Taoismus oder in der griechischen Philosophie, der Liebe zur Weisheit (griech. *phílos*, Liebe, und *sophós*, weise). Ken Wilber,

US-amerikanischer Philosoph und Vordenker der Transpersonalen Psychologie, unternahm den Versuch, in einem Modell diese Linien in der »großen Kette des Seins« darzustellen – als eine universelle Weisheit.[240]

Gert Scobel, Philosoph und bekannter Fernsehjournalist, beschreibt in seinem sehr lesenswerten Buch *Weisheit. Über das, was uns fehlt*[241] die Weisheit als evolutionäre Kraft, die für unsere Kultur und Gesellschaft sowie für das individuelle Leben von großer Bedeutung ist.

»Weisheit ist das, was uns fehlt« (Gert Scobel)

Weisheit, so Gert Scobel, ist »das, was uns fehlt« – im Umgang mit der Welt, mit den Mitmenschen, mit uns selbst. Weisheit hat zu tun mit lebenspraktischer Erfahrung, mit Toleranz und Unvoreingenommenheit, Empathie und Mitgefühl, mit Fürsorglichkeit und Hilfsbereitschaft, mit Gerechtigkeit, Maßhalten, Selbstreflexion, seelischem Gleichgewicht. Weisheit impliziert ein tieferes Verstehen und die Fähigkeit, mit den Anforderungen des Lebens umzugehen. Weisheit, so Scobel, hat damit zu tun, »die Komplexität des Lebens zu meistern«[242].

Weisheit hat zu tun mit Reife, Besonnenheit, Gelassenheit, Mitgefühl und Güte, vor allem aber auch mit Selbsterkenntnis. Aus tiefenpsychologischer Sicht ist Weisheit ein Archetyp, der z. B. in Mythen und Märchen im Symbol der Weisen Alten bzw. des Weisen Alten, die Rat und Hilfe geben können, in Erscheinung tritt oder in der archetypischen Gestalt der Weisheit, der Sophia, auf die ich weiter unten noch näher eingehen werde.

Weisheit ist vor allem die Kunst, sich auf existentielle Themen und Fragen des Lebens, denen nach Sinn und Sein, einzulassen. Weisheit selbst hat spirituelle Aspekte. So betont Willigis Jäger: »Sophia perennis, die ›ewige Weisheit‹, führt in ein Leben im Einklang mit dem Urgrund des Seins und macht uns mit der eigentlichen Bedeutung unseres Menschseins vertraut. Diese Weisheit erlangen wir nach der tiefen Erfahrung des zeitlosen Urgrundes.«[243]

Psychologische Weisheitsforschung: Prinzipien gelingenden Lebens

Parallel zur wissenschaftlichen Altersforschung begann auch das wissenschaftliche Interesse am Thema Weisheit in der empirischen Psychologie. Seit den 80er-Jahren entwickelten Forscher:innen um Paul Baltes am Max-Planck-Institut für Bildungsforschung ein eigenes Weisheitsparadigma. Im Zentrum stehen Fragen wie: Was sind die wesentlichen Aspekte von Weisheit? Welche Menschen werden von ihren Mitmenschen als weise eingeschätzt? Lässt sich Weisheit üben und trainieren?

Im sogenannten Berliner Weisheitsparadigma wird Weisheit als eine Art »Expertenwissen in Bezug auf die fundamentalen Tatsachen des menschlichen Lebens«[244] verstanden. Weisheit ist dann eine persönliche Qualität, eine Form fortgeschrittener geistiger und emotionaler Entwicklung und wird von den Erfahrungen im Leben bestimmt und gelernt. Weisheit hat gewisse Voraussetzungen an kognitive, affektive und reflexive Fähigkeiten. Zur Lebenserfahrung müssen kognitive Fähigkeiten hinzukommen, mit der Komplexität, Ungewissheit und Unkontrollierbarkeit der Welt umzugehen.

Eine der bekanntesten Forscherinnen im deutschsprachigen Raum ist Judith Glück, Professorin für Psychologie an der Universität Klagenfurt mit dem Forschungsschwerpunkt »Entwicklung im Erwachsenenalter und Weisheit«. Sie hat fünf Ressourcen beschrieben, die das Spektrum von Weisheit in fünf Faktoren auffächern:[245]

1. Offenheit für Neues; Bereitschaft, sich auf Unbekanntes einzulassen; Offenheit für die eigene Innenwelt, für Gefühle, Ideen, Werte, Handlungen,
2. Umgang mit Gefühlen, Emotionsregulierung,
3. Einfühlungsvermögen,
4. Kritisches Reflektieren von komplexen Zusammenhängen,
5. Akzeptanz der Unkontrollierbarkeit des Lebens.

Die Grundlage einer weisen Lebensführung ist vor allem, aus Erfahrungen zu lernen und nach Sinn im eigenen Leben zu suchen.

Neuere Forschungen verweisen auf Zusammenhänge von Weisheit und psychischem Wohlbefinden, Optimismus und Resilienz.[246]

Wie wird man weise?

Die praktische Alltagsfrage aber ist: Wie wird man weise? Weisheit ist ein Prozess der menschlichen Entwicklung und Reifung. Sie entsteht nicht automatisch mit höherem Alter, aber entlang der Frage, was ein Mensch aus seinen Lebenserfahrungen lernt, wie er über sich und das Leben nachdenkt, in welchem Kontext er die Frage nach Lebenssinn und Bedeutung stellt, auch wie er sich zum Thema Nachhaltigkeit verhält.

Der Sufi-Meister Hazrat Inayat Khan bietet zur Verdeutlichung folgendes Bild:

> Die Essenz der Milch ist Butter,
> die Essenz der Blume ist Honig,
> die Essenz der Traube ist Wein,
> die Essenz des Lebens ist Weisheit.[247]

Das Bild macht deutlich: Weise wird man nicht automatisch. Es ist ein Arbeitsvorgang, so wie Butter aus Milch durch Arbeit gewonnen wird. Der Honig setzt ebenfalls das mühsame Sammeln von Blütenstaub voraus. Genauso ist es mit dem Einsammeln von Lebenserfahrungen. Und um aus Trauben Wein zu gewinnen, braucht es einen Gärungs-, Ablagerungs- und Reifungsprozess. All dies ist erforderlich, damit aus einem gelebten Leben seine Essenz entsteht: Weisheit.

Sophia, die archetypische Gestalt der Weisheit

In zahlreichen Religionen und Kulturen hat es Weisheitstraditionen und Personifikationen der Weisheit gegeben, z. B. in der Gestalt der ägyptischen Maat. Sie steht für Wahrheit, Gerechtigkeit und die kosmische Ordnung des Lebens. Auch die buddhistische

Tara steht für die höchste Weisheit, die Menschen zu Wandlung und Erleuchtung führt, ebenso zu Güte und Mitgefühl.

In den letzten Jahrzehnten hat es eine erstaunlich vielfältige Beschäftigung mit der Sophia, der Personifizierung der Weisheit, gegeben – nicht nur im Bereich der Feministischen Theologie. »Sophia in ihren mannigfaltigen Wandlungen von Urzeit an würde heute nicht mit solcher Leidenschaft wiederentdeckt werden, wenn ihr Verlust sich nicht so verheerend in unserer Welt auswirkte. [...] Der Impuls hat die Epoche erfaßt, in der wir leben«[248], meint die österreichische Autorin Susanne Schaup.

Sobald das erwachende menschliche Bewusstsein sie zu suchen begann, wurde die göttliche Weisheit durch die Jahrtausende hindurch mit vielen verschiedenen Namen benannt, hat sie sich im Entstehen ihrer Symbole unter vielen Namen und Bildern ins erwachende Bewusstsein der Menschen hineingespiegelt: Maat, Kali, Tara, Kuan Yin, Sophia, Demeter, Ishtar usw. Sie sind nicht nur alte weibliche Gottheiten, sondern aus tiefenpsychologischer Sicht zugleich wirkmächtige Urbilder der Seele, die erkannt und angenommen werden, ins Bewusstsein treten und ins Leben hineinwirken.

Das griechische Wort Sophia ist abgeleitet von *sophos* = weise, wissend, einsichtig, klug, kundig, geschickt, erfahren; es hat ein breites Bedeutungsspektrum. Das lateinische *sapientia* kommt von *sapere* = schmecken, verstehen, erkennen, wissen. Weisheit ist ein praktisches Wissen, das zum rechten Handeln anleitet. »Weisheit steht auf der Seite des Lebens. Sie ist gewissermaßen eine evolutionäre Kraft. Dabei ist sie allerdings keine Vision oder bloße Vorstellung, sondern eine Erfahrung«[249], so Gert Scobel.

Die Weisheit in den Textquellen des Alten Testaments

Die schönsten schriftlichen Zeugnisse über die Sophia sind in den apokryphen Texten der Bibel zu finden. Quellen der Sophiologie, der Lehre von der Sophia, stellen vor allem das Buch der Sprüche, das Buch der Weisheit und Jesus Sirach dar.[250] Sie sind gemeinsames Gut von jüdischen Menschen, katholischen, evangelischen sowie russisch- und griechisch-orthodoxen Christ:innen.

Selbstbewusst tritt Sophia in diesen Texten auf und gibt sich zu erkennen: »Im Anfang, ehe Gott etwas schuf, war ich da« (Spr 8,22). Die Idee, dass Sophia uranfänglich aus der Gottheit hervorging, ist in der Weisheitsliteratur vorherrschend. Im Buch Jesus Sirach findet sich beispielsweise folgendes Selbstporträt der Sophia: »Ich ging vom Munde des Höchsten aus und bedeckte wie Nebel die Erde. Mein Zelt war in der Höhe und mein Thron auf den Wolken. [...] Vor der Welt, im Anfang bin ich entstanden und werde ewig bleiben« (Sir 24,4–6;14). Mit dem Thron über den Wolken und ihrer ewigen Existenz gibt sich Sophia selbst als Gottheit zu erkennen. Auch das archetypische Bild der Leben und Fruchtbarkeit erhaltenden Mutter-Gottheiten, die viele Jahrtausende vor Jahwe gekannt und verehrt wurden, scheint durch. So sagt Sophia von sich: »Ich bin die Mutter der edlen Liebe, der Ehrfurcht, der Erkenntnis und der heiligen Hoffnung. Ich werde allen meinen Kindern geschenkt. In mir ist alle Hoffnung des Lebens und der Tugend« (Sir 24,18).

Gerechtigkeit ist ein ganz besonderes Anliegen der Sophia. So heißt es: »Sie [die Weisheit] lehrt Maß und Klugheit, Gerechtigkeit und Tapferkeit, die Tugenden, die im Leben der Menschen nützlicher sind als alles andere« (Wsh 8,7). In den biblischen Weisheitstexten geht es um die rechte und gerechte Ordnung, um das rechte Tun und um soziale Beziehungen, gerade auch auf der gesellschaftlichen Ebene. Die göttliche Ordnung des Lebens wird aber auf besondere Weise durch Ungerechtigkeit und Ausbeutung von Menschen durch Menschen, durch Ausnutzung und Unterdrückung von Schwachen verletzt. Die rechte Lebenskunst erlangt nur, wer engen, vertraulichen Umgang mit der Weisheit hat und bereit ist, von ihr zu lernen.

Die alttestamentlichen Vorstellungen von der gerechten Ordnung des Lebens müssen heute durch zeitgemäße Ideen und Werte in unsere gegenwärtige Weltsituation hineingeholt werden.

Sophia-Spiritualität und eine gerechtere Welt

Was bedeuten die Mahnungen und Hinweise der Sophia für die heutige Zeit, für eine zeitgemäße Spiritualität? Spiritualität ist eine

Geisteshaltung, aus der heraus ein Mensch lebt. Es geht um den Geist, der belebt, beseelt, beeinflusst und dem Leben Sinn gibt; es geht um Einsicht in die größeren Zusammenhänge, um Wissen um Integration und Interdependenz.

Auch Erich Neumann beschreibt in seinem Buch *Die Große Mutter* die Sophia. Für ihn ist sie eine Kraft der Tiefe, die »erlösend und richtunggebend, gerufen und ungerufen in das menschliche Leben eingreift. Diese weiblich-mütterliche Weisheit ist eine Weisheit liebender Bezogenheit, kein abstrakt ›interesseloses‹ Wissen.«[251]

Mit den Augen der Sophia, die Wissen und Weisheit verbindet, können wir erkennen, wie sehr die gestörte Weltordnung mit all ihren wirtschaftlichen, ökologischen und politischen Problemen in unserer heutigen globalen Krise alles Leben gefährdet. Eine zeitgemäße Sophia-Spiritualität kann daher nur eine solidarische sein, die die Lebensverhältnisse aller Menschen und aller Mitlebewesen auf diesem Planeten mit wachem und kritischem Blick zu sehen vermag, die globalen Zusammenhänge erkennt und versteht, dass alles nur in notwendigem systemischen Zusammenwirken bestehen kann.

Weisheit und Lebenskunst

Wie hängen Weisheit und ein anderes Thema der antiken Philosophie, die *ars vivendi*, zusammen? Die *ars vivendi*, die Lebenskunst, war bereits in der Antike ein wichtiges Thema. Sie umfasste ein Spektrum unterschiedlicher Vorstellungen von unbeschwertem Lebensgenuss – entsprechend dem französischen *savoir-vivre* – bis hin zu ethischen Grundgedanken und praktischen Ratschlägen. Im Zentrum standen Glückssuche *(eudaimonía)*, Tugenden, Askese, rechte Lebensführung und Gestaltungsmacht. Es ging aber vor allem auch um das, was wir heute als Selbsterkenntnis, Sinnfindung, Persönlichkeitsentwicklung und Selbstverwirklichung beschreiben. Ein Mensch, der als Lebenskönner gelten kann, ist bereit, sich auf Grundfragen zur eigenen Existenz einzulassen, wie der Philosoph Wilhelm Schmid deutlich macht: »Der, dem Lebenskunst zugeschrieben werden kann, zeichnet sich dadurch aus, dass er ein erfülltes Leben führt. Er ist gründlicher als andere, da er sich und sein Leben zu reflektieren und die Gründe des Lebens zu verstehen sucht [...].«[252] Es geht darum, sich immer wieder zu fragen: Wer bin ich eigentlich in der Weise, wie ich gegenwärtig lebe?

Lebenskunst als gute Selbstsorge

Wie Weisheit selbst fehlt auch die Lebenskunst in unserem Alltag, wie Schmid in seiner Philosophie der Lebenskunst aufzeigt: Sie fehlt in der Wahl dessen, was wir tun, in unserem Umgang mit der Zeit, in der Gestaltung der Arbeits- und Lebensformen; ihr Fehlen zeigt sich in mangelnder körperlicher, seelischer, geistiger Sorge um das eigene Wohl und vor allem auch in einem problematischen Umgang mit Krankheit, Sterben und Tod.

Das Wissen um die Notwendigkeit eines gesundheitsfördernden Lebensstils ist bei den allermeisten Menschen zwar vorhanden, wird jedoch in der eigenen Lebenspraxis oft nicht beachtet. Für sich selbst gut zu sorgen, *self-caring,* ist eine wichtige Voraussetzung für Burnout-Prophylaxe. Dies trifft gerade auch auf die sogenannten helfenden Berufe zu, wie Günter Schiepek betont: »Die Frage nach der Lebensqualität und der Gestaltung des Lebensstils ist zentral, denn es ist darin eine wesentliche Ressource für qualitativ hochwertige Arbeit zu erkennen.«[253]

Lebenskunst bedeutet vor allem, dem Leben Sinn geben zu können. So schreibt Schmid: »Im Leben Sinn zu finden, meint nichts anderes als dies: Zusammenhänge ausfindig zu machen und sich einzufügen. Dem Leben Sinn geben aber heißt, diese Zusammenhänge selbst zu gestalten.«[254]

Michel Foucault und die Sorge um sich selbst

In *Le souci de soi* (dt. Ausgabe: *Die Sorge um sich*[255]), seinem letzten Werk, 1984 erschienen, begründet der französische Philosoph und

Sozialkritiker Michel Foucault – im Rückgriff auf Ideen und Vorstellungen der antiken Philosophie – mit großer Eindringlichkeit und Ernsthaftigkeit für heutige Menschen die *ars vivendi* als eine Lebenskunst der Selbstsorge.

Die Gestaltung des Lebens ist eine eigene Aufgabe. In einer pluralistischen, postmodernen Gesellschaft gibt es keine vorgegebenen verbindlichen Wertmaßstäbe, sie müssen vielmehr selbst gefunden und gewählt werden. Ebenso gilt es, Formen guter Selbstsorge, *selfcaring*, zu entwickeln, ohne dass vorab zu sagen wäre, was für wen sinnvoll und notwendig ist.

Für Foucault geht es in seinem Konzept der *souci de soi* darum, sich um sich selbst zu kümmern, auf sich selbst mit Sorgfalt zu achten. Selbstsorge ist eine Form der Lebenskunst, bei der ein Mensch sich bemüht, das Leben nach einem eigenen Entwurf auszurichten, ihm eine eigene, unverwechselbare Form zu geben. Es geht um das kreative Gestalten des eigenen Lebens, um einen lebenslangen Prozess der Entdeckung und Formung der eigenen Individualität mit dem Recht und der Möglichkeit, sich selbst immer wieder zu verändern.

Die bewusste Auseinandersetzung mit der eigenen Existenz ist demnach beständige, kreative Arbeit an sich selbst, durch die aus dem eigenen Leben, so Foucaults Idee, ein Kunstwerk werden kann. Viele Gedanken Foucaults zur Selbstsorge entsprechen dem Konzept der Individuation in der Analytischen Psychologie C. G. Jungs, nicht nur in der Wertschätzung des Kreativen und Schöpferischen.

Selbstsorge steht für Foucault stets in Verbindung mit Selbstwerdung und Selbsterkenntnis, als reflektierte Lebenspraxis. Für ihn ist es eine ernsthafte Arbeit an sich selbst, ein beständiges Gestalten und Formen eines eigenen Lebensstils. Selbstsorge ist nichts Festgelegtes, sondern ein Prozess der Selbstformung und des lebenslangen Lernens, als »die Erfahrung einer Freude, die man an sich selbst hat. Wer es vermocht hat, endlich Zugang zu sich selbst zu finden, ist für sich ein Objekt der Freude.«[256]

Die Sorge um sich umfasst bei Foucault alle Bereiche des Lebens: den Selbstbezug, die Arbeit, Beziehungen zu anderen Menschen und auch die Sorge um sie, ebenso das politische Handeln. Gute Selbstsorge bedeutet aber keinesfalls egoistischen Rückzug in eine Wellness-Ich-AG. Foucault sieht die Zusammenhänge so: Indem ich mich mit mir selbst beschäftige, werde ich fähig, mich mit anderen zu beschäftigen. Weil ich gut für mich selbst sorge, kann ich auch dem Gemeinwohl dienen.

Zu den Existenztechniken einer guten Selbstsorge gehört übrigens sowohl bei Foucault als auch in der antiken Philosophie das Beachten und Verstehen der Träume. Auch hier gibt es die Parallele zur Bedeutung der Träume in der Analytischen Psychologie (vgl. Kapitel 3).

Der Dienst an der Gemeinschaft und das politische Engagement sind für Foucault unabdingbare Lebensformen. In seiner Kritik an den Entfremdungsbedingungen der heutigen Zeit zielt seine Sozialutopie auf eine Gesellschaft, die es den Bürgerinnen und Bürgern ermöglicht, selbstbewusst, eigensinnig und verantwortlich alle Dinge der *res publica* mitzugestalten, sich nicht von anderen regieren und bestimmen zu lassen, sich selbst in das Feld von Machtbeziehungen einzubringen und Herrschaftsverfestigungen und Machtmissbrauch nicht hinzunehmen.

Foucaults Kritik richtet sich gegen alle Kräfte, die das Individuum für fremde Interesse verfügbar machen. Sie ist ein impliziter Protest gegen die Zersplitterung der Persönlichkeit und die Fragmentierung der Gesellschaft. Sein Gegenentwurf richtet sich gegen das Menschenbild eines verfügbaren, mobilen, kontrollierten und kurzfristig immer wieder anders verplanbaren Menschen, dessen lebensnotwendige Bedürfnisse nach Dauer, Zugehörigkeit, Beheimatung in kohärenten Lebenszusammenhängen nicht ernst genommen und ignoriert werden. Und dagegen muss sich Selbstsorge als eine Lebenskunst für das 21. Jahrhundert wenden.

Die Lebenskunst guter Selbstsorge in der Praxis

Die Lebenskunst guter Selbstsorge in der Praxis kann in verschiedenen Lebensbereichen unterschiedliche Bedeutung haben:

- Es geht um Fragen nach dem Verhältnis zum eigenen Körper und seinen Bedürfnissen zur Gesunderhaltung, wie ausgewogene Ernährung, genügend Bewegung, ausreichender Schlaf.
- Wichtig ist der Umgang mit Lebenszeit, Arbeitszeit, Freizeit, Auszeiten. Wer mit seiner Lebenszeit nicht sinnvoll umgehen kann oder nie Zeit hat, praktiziert keine gute Selbstsorge. Zeit zu haben zeigt sich in der Umgangsweise mit sich selbst und anderen, bestimmt den Unterschied von Leben und Gelebtwerden.
- Beziehungsgestaltung, Partnerschaft, Ehe, Familie und Freundschaften haben unter dem Aspekt guter Selbstsorge ihre eigene Bedeutung und bedürfen der ständigen Beziehungspflege.
- Zu beachten sind die Grenzen der persönlichen Belastbarkeit, die gegenwärtige Lebensphase und die Erfordernisse des Alters.
- Und schließlich geht es auf einer tieferen Ebene um Fragen nach dem Lebenssinn, um die spirituellen Quellen *(re-source)* für das, was die Seele nährt.

Lebenskunst als gute Selbstsorge in der Praxis zeigt sich auch in den Haltungen Gelassenheit, Gönnen und Wohlwollen, die durchaus auch als Weisheitsaspekte verstanden werden können.

Gelassenheit

Gelassenheit galt in der Stoa als Lebenskunst. Gemeint war eine Form der Seelen- und Gemütsruhe, die gegenüber allen Schicksalsschlägen unerschütterlich war – ein Abstand zur Aufgeregtheit des Weltgetriebes. Der römische Philosoph Seneca beschrieb sie als eine Haltung innerer Festigkeit, ein einsichtsvolles, ruhiges Tun und Handeln.

Zur gelassenen Haltung gehören Nachdenklichkeit und Besonnenheit. Aufgeregtheit, Ärger und Angst sind der Gegenpol zu Gelassenheit, die auf die eigene innere Kraft vertraut.

Gelassenheit ist eine Lebenshaltung, die einzuüben ist. Sie hat nichts zu tun mit Gleichgültigkeit, Resignation oder Apathie. Ein Mensch, den diese Tugend auszeichnet, nimmt Anteil an allem, aber ohne sich zu verwickeln. Im Wort »Gelassenheit« steckt das »Lassen«: Menschen, Dinge, Situationen lassen zu können, ohne durch Zwang etwas »machen« zu müssen. Vielleicht ist dasselbe gemeint, wenn heutige Menschen etwas als »cool« bezeichnen.

Es war vor allem der Mystiker Meister Eckhart, der die Gelassenheit besonders beschrieben hat. Bei ihm hat Gelassenheit die Bedeutung, alles Oberflächliche loslassen zu können, um innerlich frei und empfänglich zu sein für das Wesentliche, für die Gottheit.

Gelassenheit gilt auch als ein wichtiger Teil der Altersweisheit. Diese kann bedeuten, Altes, Überlebtes loslassen zu können, fähig zu sein, zurückzutreten, Jüngeren den eigenen Platz zu überlassen, ohne Bedauern und mit Vertrauen und Zutrauen in die nächste Generation.

Gelassenheit heißt, sich selbst in Ruhe zu lassen, sich nicht den Kopf zu zergrübeln mit Sorgen um die Zukunft oder mit sinnlosen Selbstvorwürfen nach dem Motto: »Hätte ich doch …« Wer ständig sorgenvoll grübelt, engt seine Sichtweisen ein, erwartet das Schlimmste, sieht keine Alternativen dazu und macht sich handlungsunfähig. Ein chinesisches Sprichwort sagt: »Du kannst nicht verhindern, dass die schwarzen Vögel der Sorge um deinen Kopf kreisen. Aber du kannst verhindern, dass sie auf deinem Kopf ihr Nest bauen.«

Gelassenheit ermöglicht auch, sich in schwierigen Situationen mit Erinnerungen an bestandene Schwierigkeiten und Krisen selbst zu ermutigen. So kann man sich selbst in einem Entwicklungsprozess sehen und an den in früheren Krisenzeiten erworbenen Bewältigungskompetenzen anknüpfen.

Gönnen und Wohlwollen

Gönnen bedeutet, gerne zu sehen, dass ein anderer Mensch etwas hat oder bekommt. Wenn wir von einer Person sagen, dass sie sich nichts gönnt, dann verweist dies auf eine gestörte Beziehung zu sich selbst. Sagt aber jemand den Satz: »Ich gönne dir das Glück von Herzen«, dann kommt ein neidfreies Gönnen und Wohlwollen zum Ausdruck.

Menschen, die mit sich selbst nicht wohlwollend und großzügig umgehen, können eine solche Haltung häufig auch anderen gegenüber nicht zeigen.

In vielen Situationen haben wir die Wahl, großzügig oder geizig zu sein: mit Zeit, mit Zuwendung, mit Anteilnahme, mit einem Lächeln, mit Güte. Im Tao Te King, Vers 49, heißt es:

> Der Weise hat keine Sorge um sich.
> Er ist sich der Nöte anderer bewußt.
> Zu den Guten bin ich gut,
> zu den Nichtguten bin ich auch gut;
> denn das LEBEN ist Güte.
> Zu den Treuen bin ich treu,
> zu den Untreuen bin ich auch treu;
> denn das LEBEN ist die Treue.[257]

Nicht berechnende Güte ist weise. Auch wenn dies von außen betrachtet töricht sein mag – im Sinne des TAO ist es Weisheit und in der Ordnung des Lebens, ist es Lebenskunst.

Wohlwollen strebt Glück für sich selbst und andere an, bedeutet das Wohlergehen und Glück der anderen.

Weisheit, Alter und Individuation

In der landläufigen Vorstellung wird Weisheit häufig mit Alter verbunden, manchmal sogar gleichgesetzt, und damit wird angenommen, dass ein alter Mensch automatisch auch weise sei. Doch Weisheit kommt keineswegs unweigerlich mit dem Alter, sondern ist etwas, das sich auf dem Weg der Individuation entwickeln *kann*. Alt werden und dabei weise werden – wie geht das?

Das Alter als Lebens- und Reifungschance

Die Übergänge von der Kindheit in die Jugend, vom Jugendalter ins Erwachsenenalter, vom mittleren Erwachsenenalter in das höhere Lebensalter und vom Alter hin zum Tod sind mit spezifischen Entwicklungsaufgaben und Reifungsanforderungen verbunden.[258] Alle Lebensübergänge sind dabei Phasen besonderer Labilität. Der Übergang von der Phase des Erwachsenenalters zum Alter ist jedoch eine Umbruchphase, die besondere Anforderungen stellt. Verena Kast sagt dazu: Das Alter »ist eine Phase, in der man verwundbar ist, die in sich aber die Chance birgt, alte Probleme noch einmal neu zu bearbeiten, sich noch einmal neu mit sich selbst und seinem Gewordensein auseinanderzusetzen«[259].

Für die Vorbereitung auf das Alter als nächste Lebensphase und seine Akzeptanz ist es wichtig, eine Einstellung zum eigenen Altern zu finden, die sowohl die Lebenschancen des Reifens als auch die schwierigen und traurigen Seiten dieser Lebensphase betrachten und zulassen kann. Damit das Alter als eine Chance erfahren und als sinnhafte eigene Entwicklungszeit gelebt werden kann, muss man es akzeptieren und nicht im Sinne des Modeworts »Anti-Aging« dagegen kämpfen. Genauere Kenntnisse, was Altern für heutige Menschen bedeutet, können dabei helfen, eine realistische und nicht von Altersverleugnung oder Altersphobie bestimmte persönliche Form der Lebensgestaltung in dieser Phase zu finden. In der heutigen Entwicklungspsychologie des Alters stehen nicht mehr nur die Altersabbauprozesse, sondern Theorien zur lebenslangen Entwicklung im Mittelpunkt. Die Lebensmöglichkeiten und -qualitäten dieser langen Lebensphase werden heute zunehmend erforscht und erkannt.

Die Kunst des Alterns zu erlernen, ist nicht einfach, wie auch Hermann Hesse deutlich macht: »Auf eine menschenwürdige Art alt zu werden und jeweils die unserem Alter zukommende Haltung oder Weisheit zu haben, ist eine schwere Kunst. Meistens sind wir mit der Seele dem Körper gegenüber entweder voraus oder zurück.«[260] Mit dem Körper auf der Zeitachse an einem anderen Punkt als die Seele zu sein, macht das Altern zuweilen schwierig.

Alter und Individuation

Auf dem Gebiet der Entwicklungspsychologie war C. G. Jung einer der Ersten, der die Entwicklungs- und Reifungsprozesse der zweiten Lebenshälfte erforscht und beschrieben hat und der von einem lebenszeitlichen Kontinuum ausging, dem lebenslangen »Werde, der/die du bist« der Individuation, der Suche nach seelischer Ganzheit und Vollständigkeit.

Der Individuationsprozess, der in Kapitel 1 schon dargestellt wurde, ist bestimmt von Selbsterkenntnis, Sinnfindung und der Suche nach Ganzheit. Ganzheit umfasst auch die widersprüchlichen Aspekte eines Menschen: seine Persona, d. h. die nach außen gewandte Seite der Persönlichkeit, seine Schattenanteile, seine Paradoxien.

In der Analytischen Psychologie sind Therapieziele im Sinne einer Finalität vor allem auf Individuation und Ganzwerdung ausgerichtet. So betont C. G. Jung: »Ein Mensch ist nur halb verstanden, wenn man weiß, woraus alles bei ihm entstanden ist. Wenn es nur daran läge, so könnte er ebenso gut schon längst gestorben sein. Als Lebender ist er aber nicht begriffen; denn das Leben hat nicht nur ein Gestern, und es ist nicht erklärt, wenn das Heute auf das Gestern reduziert wird. Das Leben hat auch ein Morgen, und das Heute ist nur dann verstanden, wenn wir zu unserer Kenntnis dessen, was gestern war, noch die Ansätze des Morgen hinzufügen können. Dies gilt von allen psychologischen Lebensäußerungen, selbst von den krankhaften Symptomen.«[261]

Jung wurde in zahlreichen Interviews, die er als alter Mann zu geben hatte, immer wieder nach der *ars vivendi*, der Lebenskunst im Alter, befragt. Der Journalist Gordon Young fragte ihn anlässlich seines 85. Geburtstags, was er denn den Menschen nach Überschreiten der Grenze zur zweiten Lebenshälfte rate. Jungs Antwort: »Eine immer tiefer werdende Selbsterkenntnis ist, wie mir scheint, wohl unerläßlich für die Weiterführung eines wirklich sinnvollen Lebens im Alter, wie unbequem diese Selbsterkenntnis auch sein möge. Nichts ist lächerlicher oder unpassender als ältere Leute, die tun, als ob sie noch jung wären – sie verlieren sogar ihre Würde, das einzige Vorrecht des Alters. Die Ausschau muß zur Innenschau werden. In der Selbsterkenntnis wird einem alles das aufgedeckt, was man ist, zu was man bestimmt ist, und alles, wovon und wofür man lebt. Die Ganzheit unserer selbst ist mit Sicherheit ein rational nicht zu fassendes Etwas, aber gerade das sind wir ja, und das muß als eine einzigartige, sich nie wiederholende Erfahrung gelebt werden.«[262]

C. G. Jung und die *ars moriendi*

Wesentlich ist im Alter auch die Verbindung der *ars vivendi* mit der *ars moriendi*, also die Auseinandersetzung mit Endlichkeit, Sterben und Tod. Die Lebenskunst, *ars vivendi*, und die Kunst des Sterbens, *ars moriendi*, sind beides Bestandteile des lebenslangen seelischen Entwicklungsprozesses, der Individuation. Es gilt, sich mit dem Tod auseinanderzusetzen, weil er zur Ganzheit des Lebens gehört. Der Individuationsprozess ist damit auch eine Vorbereitung auf den Tod.[263] Jung betont: »Es bleibt nur der lebendig, der mit dem Leben sterben will.«[264]

In der Analytischen Psychologie ist die Auseinandersetzung mit Endlichkeit, Sterben und Tod ein wichtiges Thema. C. G. Jung sagt: »Der Tod ist seelisch ebenso wichtig wie die Geburt und wie diese ein integrierender Bestandteil des Lebens. […] Der Tod ist nämlich, psychologisch richtig gesehen, nicht ein Ende, sondern ein Ziel, und darum beginnt das Leben zum Tode, sobald die Mittagshöhe überschritten ist.«[265]

Die Art und Weise, wie viele Menschen altern und auf den Tod zugehen, sieht Jung sehr kritisch: »Darum verholzen so viele Menschen im reifen Alter, sie schauen zurück und klammern sich an die Vergangenheit mit geheimer Todesfurcht im Herzen. Sie entziehen sich dem Lebensprozess wenigstens psychologisch und bleiben darum als Erinnerungssalzsäulen stehen, die sich zwar noch lebhaft an ihre Jugendzeit zurückerinnern, aber kein lebendiges Verhältnis zur Gegenwart finden können. Von der Lebensmitte an bleibt nur der lebendig, der mit dem Leben sterben will. […] Das Leben der zweiten Lebenshälfte heißt nicht Aufstieg, Entfaltung, Vermehrung, Lebensüberschwang, sondern Tod, denn sein Ziel ist das Ende.«[266]

C. G. Jung hält es auch für unabdingbar, sich mit der uralten Frage nach einem Jenseits, einem Leben nach dem Tod, zu stellen: »Der Mensch muß sich darüber ausweisen können, daß er sein möglichstes getan hat, sich eine Auffassung über das Leben nach dem Tode zu bilden, oder sich ein Bild zu machen – und sei es mit dem Eingeständnis seiner Ohnmacht. Wer das nicht tut, hat etwas verloren. Denn was als Fragendes an ihn herantritt, ist uraltes Erbgut der Menschheit, ein Archetypus, reich an geheimem Leben, das sich dem unsrigen hinzufügen möchte, um es ganz zu machen.«[267] Er selbst ist der Überzeugung, »daß unsere Seele in eine Region reicht, die weder der Veränderung in der Zeit noch der Beschränkung durch den Ort verhaftet ist. In jener Seinsform ist unsere Geburt ein Tod und unser Tod eine Geburt.«[268] Aber er betont auch: »Wir sind keineswegs in der Lage, beweisen zu können, daß etwas von uns ewig erhalten bleibt. Wir können höchstens sagen, es bestehe eine gewisse Wahrscheinlichkeit, daß etwas von unserer Psyche über den physischen Tod hinaus weiter existiere.«[269]

Weisheit als Kunst des Alterns

So wichtig und notwendig es ist, seine Ganzheit zu suchen, so richtig ist auch das Gegenteil: mit dem Unvollständigen, Unvollkommenen, Fragmentarischen des eigenen Lebens im Alter einverstanden sein zu können. Also einerseits nach Ganzheit zu streben und auf der anderen Seite zu lernen, unvollständig und fragmentarisch zu sein und sich selbst auch so annehmen zu können. Den Mut zu haben, das eigene Leben zu leben – unabhängig von der Frage, wie heil, vollständig, unvollständig, misslungen oder fragmentarisch es in Teilen ist.

Vielleicht besteht die Kunst des Alterns und der geistigen Gesundheit im Alter darin:

- Sich selbst tiefer kennen und verstehen zu lernen und mit sich selbst ausgesöhnt und in Frieden zu sein.

- Zu lernen, für sich selbst gut zu sorgen und die passenden Lebensformen zu finden.
- In vielfältigen Formen von geistigem und anderem Austausch mit anderen zu bleiben.
- Sich den spirituellen Grundfragen zu stellen und dem eigenen Leben Sinn und Bedeutung geben zu können.
- Einverstanden zu sein mit den unterschiedlichen Erfahrungen des Alterns.
- Sterben und Tod nicht aus dem Lebenszusammenhang auszublenden, sondern einzubeziehen.
- Zu erkennen, dass das menschliche Leben eingebettet ist in größere transzendente Zusammenhänge.

Für C. G. Jung ist ein wesentlicher Teil auf dem Weg zur Weisheit auch die Auseinandersetzung mit denjenigen Bereichen der Psyche, die er »Schatten« genannt hat (vgl. Kapitel 1). Sich einzulassen auf Selbsterkenntnis in Bezug auf diese Seelenanteile, die als negative Seite der Persönlichkeit, als dunkle Teile der Psyche, auch mit der Wirklichkeit des Bösen zu tun haben und zumeist als verdrängte, triebhafte und schuldhafte Anteile der Person betrachtet werden, verlangt besonderen Mut, gehört für Jung aber unabdingbar zum Entwicklungsweg der Individuation dazu.

Weisheit und Herzensbildung

Herzensbildung

Was ist mit dem Begriff »Herzensbildung« gemeint? Herzensbildung bedeutet, die eigenen Herzensqualitäten der Einfühlung, des Verstehens und des Mitgefühls zu entwickeln.

Manche Aspekte des Themas Herzensbildung werden in der Psychologie unter dem Stichwort »Emotionale Intelligenz« thematisiert, als Grundlage für Menschenkenntnis, Verstehen und Umgehen mit eigenen Emotionen und denen anderer. Herzensbildung setzt die Kultivierung einer differenzierten eigenen Innenwelt voraus. So definiert auch der Duden Herzensbildung als ein »durch Erziehung erworbener Besitz einer reichen und differenzierten Gefühls- und Empfindungsfähigkeit«[270].

»Herzensbildung« ist im Bereich der Bildung ein wiederentdeckter Begriff. Gemeint ist die Haltung, sich von allem, was einem begegnet, anrühren zu lassen, es sich zu Herzen gehen zu lassen. Es geht um eine Bildung, die mehr ist als nur Wissen, um Einfühlungsvermögen, Verständnis und Mitgefühl als soziale Fähigkeiten. Goethe hat das Thema Herzensbildung in seinem Bildungsroman *Wilhelm Meister* ausführlich behandelt und gewürdigt.

Der Begriff Bildung als Formung der geistigen, seelischen, sozialen und kulturellen Fähigkeiten hat seine Wurzeln in der griechischen Philosophie und trat in der Folge der Aufklärung und des Humanismus neben die Vorstellungen von Erziehung. Bildung gilt heute, unabhängig von den politischen Debatten um Bildungsziele und Bildungsinhalte, als eine lebenslange, selbstverantwortliche Aktivität des Einzelnen.

Herzensbildung war Teil des humanistischen Bildungsideals von Wilhelm von Humboldt, das neben der klassischen Bildung mit ihrem Anknüpfen an griechische und römische Ideale auch die Pflege künstlerischer Fähigkeiten und die Entwicklung eines geistig-seelischen Innenlebens zum Ziel hatte.

Herzensbildung als Bildungsziel basiert auf einem Menschenbild, das die Menschen als Persönlichkeit mit Herz und Verstand begreift. Es beinhaltet die Notwendigkeit sozialer Lernprozesse in Richtung der Entfaltung von Menschlichkeit. Neben den kognitiven Fähigkeiten sind emotionale und soziale Fähigkeiten gleichberechtigt zu fördern als für die Lebensbewältigung notwendige Skills.

Im Juni 2016 tauchte der Begriff Herzensbildung überraschend als Kritik an der vor allem auf technische Fertigkeiten im IT-Bereich ausgerichteten Bildung auf: Der Autor, Journalist und Blogger Sascha Lobo hatte bei einem Vortrag an der Universität Tübingen mehr Herzensbildung gefordert: »Bildung ohne Herzensbildung ist nichts wert. Im Gegenteil, sie stellt den direkten Weg in die

Entzivilisierung der Gesellschaft dar.«[271] Bereits vier Jahre zuvor hatte Lobo eine Kolumne in Spiegel Online zum Thema »Netzhass« mit der Zeile überschrieben: »Wir brauchen eine digitale Herzensbildung.«[272] Herzensbildung als emotionale Intelligenz und Entwicklung eines mitfühlenden Herzens versteht er als Weg, der Unkultur der Beschimpfung, Beleidigung, Verleumdung und dem erschreckenden Maß an Häme und Hass in den sogenannten sozialen Medien etwas entgegenzusetzen.

Aus spiritueller Sicht kann man sagen: Herzensbildung ist das Wichtigste für Menschen, um ihre Menschlichkeit und das in ihnen vorhandene Liebespotential entfalten zu können – im täglichen Leben. Auch der Dalai Lama hatte in einem Interview geäußert: »Meine Hoffnung und Wunsch sind es, dass sich formale Bildung mehr der, ich nenne es Herzensbildung, widmet.« Auf die Frage, was Herzensbildung sei, antwortete er im Januar 2018: »In wenigen Worten: Liebe, Mitgefühl, Gerechtigkeit, Vergebung, Sorgfalt, Toleranz und Frieden.«[273]

Mitgefühl als Herzensqualität

In vielen spirituellen Schulungswegen geht es um das Entwickeln von Achtsamkeit und Mitgefühl. Echtes Mitgefühl ist nach buddhistischer Auffassung abhängig vom Entwicklungsstand des Bewusstseins. Mitgefühl setzt Einsicht in die Natur der Wirklichkeit voraus, es ist eine grundlegende Anerkennung von Gleichheit und gesteht allen Mitlebewesen das gleiche Recht auf Leben, Glück und Entfaltung zu. Mitgefühl ist ein Reifegrad eines sich weitenden geöffneten Herzens.

Es gehört zu den Abwehrformen erkalteter Herzen, Mitgefühl so zu diffamieren und zu sentimentalisieren, dass sein Ausschluss bei Entscheidungsprozessen in der Wirtschaft, der Medizin, der Bildung, im Verkehr und in der Landwirtschaft zugunsten zweckrationaler Gewinnmaximierung selbstverständlich erscheint. Mitgefühl gibt sich nicht damit zufrieden, nur um Leid und Schmerz anderer zu wissen, sondern Schmerz zu teilen als ein »Fühlen des fremden Gefühls«[274] (Max Scheler). Mitleid in Form von Sentimentalität entspringt einem »getrübten oder ranzig gewordenen politischen Sinn« (Anne Douglas). Es scheut vor engagiertem Handeln zurück, ist nur rührselig und handlungsunfähig. Auch Friedrich Nietzsche kritisierte diese Form des Mitleids als etwas, das Elend konserviert und Leiden vergrößert.

Bei vielen Menschen, insbesondere den engagierten Kritikerinnen und Kritikern eines globalisieren Welthandels, wächst hingegen ein mitfühlendes Bewusstsein, das Nachdenklichkeit, Verantwortungsbewusstsein und Mitleiden verbindet mit kritischem umweltbewusstem Denken und aktivem Engagement. Wäre Mitgefühl ein zentraler Wert in unserer Gesellschaft, wie anders sähe es in vielen Lebensbereichen aus, z. B. in Kindergärten, Schulen, Krankenhäusern, Alters- und Pflegeheimen, in der Produktion von Nahrungsmitteln, Kleidung und Wohnraum.

Die Dinge ändern sich nur, wenn sich die Herzen der Menschen erneuern, füreinander mehr öffnen und eine grundlegende Ethik des Mitgefühls, Fürsorge für andere und das Verständnis für die globale Verbundenheit zur Basis des menschlichen Zusammenlebens werden, so auch der Dalai Lama in seinem Appell an die Welt.[275]

Schluss

Was bleibt am Schluss dieses Buches, nach so viel Ermutigung zur Weisheit im letzten Kapitel, noch zu sagen? Werfen wir einen Blick darauf, wie C. G. Jung am Ende seines Lebens auf die Welt schaute – mit fragender Sorge, denn er wusste um die atomare Bedrohung der Erde und die sinnlose Produktion von Selbstvernichtungswaffen: „Die Welt, in die wir hineingeboren werden, ist roh und grausam und zugleich von göttlicher Schönheit. Es ist Temperamentssache zu glauben, was überwiegt: die Sinnlosigkeit oder der Sinn. […] Wahrscheinlich ist, wie bei allen metaphysischen Fragen, beides wahr: das Leben ist Sinn und Unsinn, oder es hat Sinn und Unsinn. Ich habe die ängstliche Hoffnung, der Sinn werde überwiegen und die Schlacht gewinnen.“[276]

Worauf ließe sich „die Schlacht“ beziehen? Der Blick auf den gegenwärtigen Zustand unserer Welt zeigt: Die Folgen eines Kriegs nahe unserer Grenzen und das Ausmaß an Gewalt, Hunger und weltweitem Flüchtlingselend sind erschreckend. Die Gefährdung der Existenzgrundlagen von Millionen von Menschen kann nur als eine Herausforderung zu tiefgreifenden ökonomischen, politischen und sozialen Transformationen gesehen und angenommen werden, vor allem in den wesentlichen Bereichen der Weltwirtschaft und der internationalen Politik. Es lässt sich nur ein Schluss daraus ziehen: Wir alle, die ganze Menschheit, stehen vor Aufgaben, die es in der Menschheitsgeschichte so bislang nicht gegeben hat. Zwar sind weltweit Bewusstseins- und Transformationsprozesse erkennbar, die von mitfühlendem Verstehen und Wissen um die Gefährdung der zerbrechlichen Biosphäre unseres Planeten bestimmt sind, ebenso von globaler Kooperation und Verbundenheit mit allen Lebewesen. Aber es sind bislang vor allem nur kleine aktive Gruppen, die verstanden haben, dass das Einswerden mit der Menschheit – mehr noch: mit allen Lebewesen, die die Erde hervorgebracht hat – die wesentliche Anforderung in der Zeitenwende und der globalen ökologischen Krise ist, in der wir uns gegenwärtig befinden. Es ist keine Revolution, sondern eine Regeneration im Sinne eines *renewal of the world*, die im wahrsten Sinne des Wortes not-wendig ist. Hier ist für mich der in Kapitel 2 schon zitierte Satz von Hölderlin ein wichtiger Hoffnungssatz: „Wo aber Gefahr ist, wächst das Rettende auch."

Was sind für mich der Sinn und das Anliegen dieses Buches? Es ging mir darum aufzuzeigen, wie ich die Analytische Psychologie und Psychotherapie in der heutigen Zeit sehe, ausgehend von einem Menschenbild, das die spirituellen Bedürfnisse und Erfahrungsmöglichkeiten von Menschen ernst nimmt. Die Aufgabe im Prozess der Bewusstseinsentwicklung ist, in den Worten C. G. Jungs: „Indem die Bewußtwerdung der Individualität zwar der natürlichen Bestimmung entspricht, so ist sie dennoch nicht das ganze Ziel. [...] Die Individuation ist ein Einswerden mit sich selbst und zugleich mit der Menschheit, die man ja auch ist."[277]

Der Sinn der Analytischen Psychologie ist aus meiner Sicht, menschliche Entwicklung und Reifung auf dem Weg der Individuation zu fördern, Selbstwerdung und Entfaltung des eigenen Potentials zu unterstützen und das Bewusstsein des Einzelnen zu stärken, ein Teil der Menschheit zu sein – im Wissen darum, dass menschliche Beziehung und Verbundenheit immer auch ein notwendiger Teil der Suche nach dem eigenen Selbst und einem geglückten Leben sind.

Dank

Neben C. G. Jung, der Ausgangspunkt und Mitte dieses Buches ist, haben viele Autoren, Schriftstellerinnen und Dichter mit ihren Erkenntnissen, Arbeiten und ihrer Weisheit meinen Prozess des Schreibens begleitet, mein Wissen vertieft und mir viele Anregungen und Antworten auf Fragen gegeben. Mein Dank gilt ihrem Dasein, ihrer Präsenz in der Welt des Geistes, der Welt der Bücher, die auch Lebensbegleiter sind.

Mein Dank geht an meine Patientinnen und Patienten, die mir Einblicke in ihre innere Welt gaben und in vielem meine Lehrer:innen waren und sind.

Meinem Mann Karl, der das Leben mit mir teilt und mich auf seine ganz eigene Art und Weise unterstützt, danke ich von Herzen – auch für seinen großmütigen Verzicht auf gemeinsame Zeiten.

Meiner Lektorin Christiane, die immer wieder mit Ermutigung, Rat, Entscheidungshilfe, Sachverstand und Herzenswärme unermüdlich in ihrem „Hebammendienst“ die ganze Zeit der Schwangerschaft und Geburt dieses Buches begleitet hat, gilt der größte Dank! Die bewährte Zusammenarbeit, auch bei den vorherigen Büchern, war die wesentliche Grundlage für das Zustandekommen dieses Buches.

Ich danke den Mitarbeiterinnen und Mitarbeitern des Patmos Verlags, die mit Planung, Gestaltung, Satz und Korrektur oft unsichtbare, aber unabdingbare Dienste beim Zustandekommen eines Buches leisten.

Freunde und Freundinnen – hier ist vor allem auch die Sophia-Meditationsgruppe zu nennen – haben mich durch geduldiges Warten und vorsichtiges Fragen unterstützt. Sie freuen sich mit, wenn dieses Buch nun fertig ist.

Anhang

Anmerkungen

Vorab eine Anmerkung zur Sprache:
Als Psychologin weiß ich um die gravierenden Auswirkungen einer androzentrischen Sprache. Um sowohl Männer und Frauen als auch non-binäre und trans Menschen sichtbar zu machen, habe ich mich für eine „gemischte Schreibweise" entschieden, bei der weibliche und männliche Formen im freien Wechsel benutzt werden, in manchen Passagen die Schreibweise mit Gender-Doppelpunkt erfolgt und ab und an auch die nicht geschlechtergerechte Sprache verwendet wird.

1 Novalis: Werke. Hg. und kommentiert von Gerhard Schulz. 4. Aufl. auf der Grundlage der 2., neubearb. Aufl. C. H. Beck, München 2001, S. 404.
2 Jung, C. G.: Das Rote Buch. Liber Novus. Herausgegeben und eingeleitet von Sonu Shamdasani. Vorwort von Ulrich Hoerni. Einleitung, Hinweise des Herausgebers zur Edition, Anmerkungsapparat und Danksagung aus dem Englischen von Christian Hermes. (Philemon Series.) 6. Aufl. Patmos, Ostfildern 2019, S. 233.
3 Goethe, Johann Wolfgang von: Sämtliche Werke. Bd. 9: Maximen und Reflexionen. Hg. von Ernst Beutler. Artemis, Zürich 1977, S. 532.
4 Pascal, Blaise: Gedanken über Gott und den Menschen. Insel, Wiesbaden 1960, S. 9.
5 Ebd., S. 47.
6 Jung, C. G.: Erinnerungen, Träume, Gedanken. Aufgezeichnet und herausgegeben von A. Jaffé. Sonderausgabe. Walter, Olten / Freiburg im Breisgau 1984, S. 225.
7 Ders.: Gesammelte Werke (GW). 20 Bde. Hg. von Lilly Jung-Merker / Elisabeth Rüf / Leonie Zander et al. Sonderausgabe. Edition C. G. Jung im Patmos Verlag, Ostfildern 2011ff., GW 11, § 172.
8 Ders., GW 14/II, § 442.
9 Ders., GW 18/II, § 1652.
10 Ders., GW 12, § 15.
11 Ders. GW 13, § 25.
12 Jung, Erinnerungen, S. 327f.
13 Novalis: Gedichte. Romane. Eingeleitet und erläutert von Emil Staiger. Manesse, Zürich 1968, S. 19f.
14 Vgl. ders., GW 16, § 64.
15 Ders., GW 8, § 342.
16 Aus: Jacobi, Jolande: Die Psychologie von C. G. Jung. Eine Einführung in

das Gesamtwerk, mit einem Geleitwort von C. G. Jung. Neuausgabe. 2., aktualisierte Auflage. Patmos, Ostfildern 2012, S. 141, Schema 19 (nachgezeichnet von Christiane Neuen).

17 Stein, Murray: Individuation: Eine lebenslange psychologische Reise. In: Analytische Psychologie 144, 2/2006, S. 213.

18 Vgl. Müller, Lutz: Art. Ich-Funktionen. In: ders. / Anette Müller: Wörterbuch der Analytischen Psychologie. Walter, Düsseldorf/Zürich 2003, S. 182.

19 Jung, GW 2, § 664.

20 Ders., GW 8, § 204.

21 Ders., GW 9/I, § 44.

22 Müller, Lutz: Thesen zur Archetypentheorie. In: Analytische Psychologie 193, 1/2020, S. 185.

23 Jung, GW 9/I, § 99.

24 Müller, Thesen zur Archetypentheorie, S. 176.

25 Ebd.

26 Ebd., S. 177.

27 Jung, GW 9/I, § 99.

28 Vgl. Eccles, John C. / Popper, Kar R.: Das Ich und sein Gehirn. 4., überarbeitete Aufl. Piper, München 2005; Damasio, Antonio R.: Ich fühle, also bin ich. Die Entschlüsselung des Bewusstseins. List, München 2000.

29 Jung, GW 11, § 231.

30 Vgl. Müller, Lutz: Art. Selbst. In: ders. / Anette Müller: Wörterbuch der Analytischen Psychologie, S. 377.

31 Vgl. Jung, GW 16, § 470.

32 Ders., GW 10, § 579.

33 Ders., GW 9/I, § 44.

34 Ders., GW 11, § 133.

35 Ders., GW 6, § 633.

36 Vgl., ebd., § 825.

37 Ders., GW 7, § 266.

38 Ders., GW 16, § 444.

39 Ebd., § 445.

40 Ders., GW 18/II, § 1813.

41 Vgl. Keupp, Heiner / Höfer, Renate (Hg.): Identitätsarbeit heute. Klassische und aktuelle Perspektiven der Identitätsforschung. Suhrkamp, Frankfurt am Main 1997.

42 Jung, GW 18/II, § 1817.

43 Vgl. Antonovsky, Aaron: Salutogenese. Zur Entmystifizierung der Gesundheit. dgvt-Verlag, Tübingen 1997.

44 Jung, GW 6, § 824.

45 Lauf, Detlef Ingo: Symbole. Verschiedenheit und Einheit in östlicher und westlicher Kultur. Insel, Frankfurt am Main, 1976, S. 9.

46 Vgl. Dorst, Brigitte: »Die Welt ist tief und tiefer als der Tag gedacht« (Nietzsche). Selbst- und Welterkenntnis durch Symbole. In: Jung Journal 44, 2020, S. 15–19.

47 Lurker, Manfred: Wörterbuch der Symbolik. 2., erweiterte Aufl. Kröner, Stuttgart 1983, S. 665.
48 Vgl. Hüther, Gerald: Die Macht der inneren Bilder. Wie Visionen das Gehirn, den Menschen und die Welt verändern. Vandenhoeck & Ruprecht, Göttingen 2005.
49 Rosenberg, Alfons: Einführung in das Symbolverständnis. Ursymbole und ihre Wandlungen. Herder, Freiburg im Breisgau 1984, S. 35f.
50 Ebd., S. 17.
51 Jung, GW 16, § 396.
52 Ders., GW 18/I, § 589.
53 Ders., GW 6, § 821.
54 Vgl. Dorst, Brigitte: Therapeutisches Arbeiten mit Symbolen. Wege in die innere Bilderwelt. 3., aktualisierte Auflage. Kohlhammer, Stuttgart 2022.
55 Kast, Verena: Die Dynamik der Symbole. Grundlagen der Jung'schen Psychotherapie. 4. Aufl. der Neuausgabe. Patmos, Ostfildern 2022, S. 40.
56 Ebd.
57 Jung, GW 18/II § 1811.
58 Vgl. Dorst, Therapeutisches Arbeiten mit Symbolen, S. 31–35.
59 Vgl. dies.: Resilienz. Seelische Widerstandskräfte stärken. Aktualisierte Neuausgabe. Patmos, Ostfildern 2023.
60 Vgl. dies. / Vogel., Ralf T. (Hg.): Aktive Imagination. Schöpferisch leben aus inneren Bildern. Kohlhammer, Stuttgart 2014.
61 Hüther: Die Macht der inneren Bilder, S. 22.
62 Vgl. Dorst, Brigitte: Symbole als Grundlagen der Aktiven Imagination. In: dies. / Vogel, Aktive Imagination, S. 51–68.
63 Diese Herzensmeditation formuliere ich in der herzlicheren Du-Form. Sie stammt aus: Dorst, Resilienz, S. 131–133.
64 Jung, GW 16, § 99.
65 Ebd., § 106.
66 Riedel, Ingrid / Henzler, Christa: Maltherapie. Auf Basis der Analytischen Psychologie C. G. Jungs. Erweiterte Neuausgabe. Patmos, Ostfildern 2016, S. 43.
67 Jacobi, Jolande: Vom Bilderreich der Seele. Wege und Umwege zu sich selbst. Walter, Olten 1981, S. 35.
68 Als »transzendente Funktion« bezeichnet Jung die Fähigkeit der Psyche, etwas Unbewusstes über Symbole ans Bewusstsein zu übermitteln. Der Begriff ist kein Verweis auf Transzendenz im spirituellen Sinne.
69 Riedel / Henzler, Maltherapie; dies.,: Malen in der Gruppe. Modelle für die therapeutische Arbeit mit Symbolen. Kreuz, Stuttgart 2008.
70 Riedel, Ingrid: Die Symbolik der Farben. Eine tiefenpsychologische Farbenlehre. Neuausgabe. 2. Aufl. Patmos, Ostfildern 2022.
71 Jung, Das Rote Buch.
72 Ders., GW 9/I, § 634.
73 Vgl. Dorst, Brigitte: Die Kunst der Traumdeutung. In: Jung Journal 47, 2022, S. 21–30.
74 Talmud Berachot 55a, zit. nach Fromm, Erich: Märchen, Mythen, Träume.

Eine Einführung in das Verständnis einer vergessenen Sprache. DVA, Stuttgart 1980, S. 96.

75 Schimmel, Annemarie: Die Träume des Kalifen. Träume und ihre Deutung in der islamischen Kultur. C. H. Beck, München 1980, S. 17.

76 Zitiert nach: Gsteiger, Manfred (Hg.): Träume in der Weltliteratur. Manesse, Zürich 1999, S. 5.

77 Vgl. Domhoff, G. William: The Mystique of Dreams. A Search for Utopia Through Senoi Dream Theory. University of California Press, Berkeley 1985.

78 Zitiert nach: Dieckmann, Hans: Träume. Das Tor zur inneren Wirklichkeit. Econ-TB, Düsseldorf 1990, S. 46.

79 Ermann, Michael: Träume und Träumen. Kohlhammer, Stuttgart 2005, S. 63.

80 Ebd., S. 1.

81 Ebd., S. 3.

82 Ders.: Die Arbeit mit Träumen bei Freud und heute. In: Journal für Psychoanalyse 58, 2017, S. 171.

83 Jung, GW 8, § 539.

84 Ders., GW 16, § 317.

85 Ders., GW 8, § 505.

86 Ebd., § 509.

87 Ders., GW 18/I, § 471.

88 Ermann, Träume und Träumen, S. 43.

89 Kast, Verena: Träumend imaginieren. Einblicke in die Traumwerkstatt. Vandenhoeck & Ruprecht, Göttingen 2019, S. 74.

90 Riedel, Ingrid: Träume – Wegweiser in neue Lebensphasen. Überarbeitete Neuausgabe. Patmos, Ostfildern 2019, S. 20.

91 Rieß, Giesela: Traumbild Feuer. Von der elementaren Wandlungskraft. Walter, Olten / Freiburg im Breisgau 1986, S. 11.

92 Fromm, Erich: Die Kunst des Liebens. Ullstein-TB, Frankfurt am Main u. a. 1977.

93 Ebd., S. 20.

94 Ebd., S. 145.

95 Reik, Theodor: Hören mit dem dritten Ohr. Die innere Erfahrung eines Psychoanalytikers. Mit einer Einführung von Johannes Cremerius. Aus dem Amerikanischen von Gisela Schad. Fischer-TB, Frankfurt am Main 1983, S. 168f.

96 Jung, GW 16, § 322.

97 Kast, Träumend imaginieren, S. 28.

98 Jung, GW 18/II, § 1811.

99 Ders., GW 8, § 543.

100 Vgl. Dorst, Brigitte: Der Archetyp der Gruppe. Gruppen als Erfahrungsräume der Individuation und Ko-Individuation. In: Analytische Psychologie 181, 2015, S. 336–361.

101 Jung, GW 10, § 304.

102 Vgl. Dorst, Brigitte: Lauschen mit dem dritten Ohr. Träume als spirituelle

Wegweiser. In: Verena Kast (Hg.): Aus reichen Quellen schöpfen. Inspirationen aus Ingrid Riedels Lebenswerk. Patmos, Ostfildern 2015, S. 113–130.

103 Sufismus wird meist als die Mystik des Islam bezeichnet. Als spiritueller Schulungsweg ist er jedoch seinem Wesen nach frei und unabhängig von allen Zuschreibungen und der Zugehörigkeit zu einer bestimmten Religion oder Konfession. Er gehört zur *philosophia perennis*, dem evolutionären Strom des erwachenden Geistes der Menschheit, und ist ein Prozess der Entwicklung menschlicher Fähigkeiten der Erkenntnis und des Liebens. Vgl. Dorst, Brigitte: Alles beginnt mit Sehnsucht und Suche. Herzensbildung auf dem Sufi-Weg. Patmos, Ostfildern 2018, S. 47–76.

104 Jung, Das Rote Buch, S. 233.

105 Jäger, Willigis: Westöstliche Weisheit. Visionen einer integralen Spiritualität. Theseus, Stuttgart 2007, S. 80.

106 Ebd., S. 48.

107 Ebd., S. 121.

108 Tacey, David John: The Spiritual Revolution. The Emergence of Contemporary Spirituality. Brunner-Routledge, London u. a. 2005.

109 Vgl. Bucher, Anton: Psychologie der Spiritualität. Handbuch. Beltz, Weinheim, S. 3.

110 Jäger, Willigis: Die schönsten Texte von Willigis Jäger. Perlen der Weisheit. Hg. von Christoph Quarch / Elisabeth Walcher. Herder, Freiburg im Breisgau 2010, S. 131.

111 Pannikar, Raimon: Vorwort. In: Jäger, Westöstliche Weisheit, S. 8.

112 Vgl. Bucher, Psychologie der Spiritualität, S. 24–34.

113 Jäger, Die schönsten Texte von Willigis Jäger, S. 26f.

114 Jäger, Willigis: Weisheitsspuren. Die schönsten Impulse. Hg. von Ursula Richard. Kösel, München 2017, S. 38.

115 Steinmann, Ralph Marc: Spiritualität – die vierte Dimension der Gesundheit. Eine Einführung aus der Sicht von Gesundheitsförderung und Prävention. 2. aktualisierte und erweiterte Aufl. Lit, Münster u. a. 2012.

116 Vgl. Bucher, Psychologie der Spiritualität, S. 100–142.

117 Vgl. Stefanek, Michael E. / Grenn, Paige Alison / Hess, Stephanie A. (2004): Religion, spirituality, and cancer: Current status and methodological challenges. In: Psycho-Oncology 14.6, 2005, S. 450–463.

118 Kast, Verena: Transzendenz der Psyche. In: Helga Egner (Hg.): Psyche und Transzendenz im gesellschaftlichen Spannungsfeld heute. Walter, Düsseldorf/Zürich 2000, S. 45.

119 Vgl. Underhill, Evelyn: Mystik. Eine Studie über die Natur und Entwicklung des religiösen Bewußtseins im Menschen. Aus dem Englischen übertragen von Helene Meyer-Franck / Heinrich Meyer-Benfey. Unveränderter Nachdruck der Ausg. München 1928. Turm Verlag, Bietigheim/Württ. 1973.

120 Vgl. Metzner, Ralph: Zehn klassische Metaphern für die Transformation des Selbst. In: Edith Zundel / Bernd Fittkau (Hg.): Spirituelle Wege und Transpersonale Psychotherapie. Junfermann, Paderborn 1989, S. 439–457.

121 Raimon Pannikar, zitiert nach: Stutz, Pierre: Geborgen und frei. Mystik als Lebensstil. Kösel, München 2008, S. 326.
122 Böhme, Wolfgang: Da geschieht eine selige Stille. Annäherung an Mystik. Patmos, Düsseldorf 2000, S. 105.
123 Hofmann, Liane / Heise, Patrizia (Hg.): Spiritualität und spirituelle Krisen. Handbuch zu Theorie, Forschung und Praxis. Schattauer, Stuttgart 2017.
124 Jäger, Willigis: Die Welle ist das Meer. Mystische Spiritualität. 5. Aufl. Herder, Freiburg im Breisgau 2000, S. 32.
125 Gebser, Jean: Ursprung und Gegenwart. Teil: T. 1., Die Fundamente der aperspektivischen Welt. Beiträge zu einer Geschichte der Bewusstwerdung. dtv, München 1973; ders.: Ursprung und Gegenwart. Teil: T. 2., Die Manifestationen der aperspektivischen Welt. Versuch einer Konkretion des Geistigen. dtv, München 1973; ders.: Ursprung und Gegenwart. Teil: Kommentarband. dtv, München 1973.
126 Rahner, Karl: Schriften zur Theologie VII: Zur Theologie des geistlichen Lebens. Benziger, Einsiedeln u. a. 1966, S. 22f.
127 Teasedale, Wayne: Das mystische Herz. Spirituelle Brücken bauen. Kamphausen, Bielefeld 2004, S. 43.
128 Jäger, Weisheitsspuren, S. 77.
129 Laotse: Tao Te King. Eine zeitgemäße Version für westliche Leser. Mit Vorwort und Kommentar von Stephen Mitchell. Ins Deutsche übertragen von Peter Kobbe. Goldmann, München 2003.
130 Talavakâra-Upanishad (Kena-Upanishad). In: Upanishaden. Altindische Weisheit aus Brâhmanas und Upanishaden. Übertragen und eingeleitet von Alfred Hillebrandt. Diederichs, Düsseldorf/Köln, S. 153.
131 Dürr, Hans-Peter / Oesterreicher, Marianne: Wir erleben mehr als wir begreifen. Quantenphysik und Lebensfragen. Herder, Freiburg im Breisgau 2001.
132 Der geheime (innere) Lenker. In: Upanishaden, S. 67.
133 Vgl. Griffiths, Bede: Unteilbarer Geist. Quelle der Heiligen Schrift. Upanishaden, Bhagavad Gita, Dhammapada, Mahayana Shraddotpada Shastra, Tao te King, Sikh-Gebete, Koran, Al-Ghazali, Rumi, Bücher der Weisheit, Evangelien, Epheserbrief. Hg. von Roland R. Ropers. Dingfelder, Andechs 1996.
134 Vgl. Harvey, Andrew / Baker, Carolyn: Radical Regeneration. Sacred Activism and the Renewal of the World. Inner Traditions, Rochester, Vermont, 2022; Macy, Joanna / Brown, Molly: Für das Leben! Ohne Warum. Ermutigung zu einer spirituell-ökologischen Revolution. Aus dem Amerikanischen von Barbara Hamburger-Langer und Gunter Hamburger. 4., überarbeitete Aufl. Junfermann, Paderborn 2017; Eisenstein, Charles: The More Beautiful World Our Hearts Know Is Possible. North Atlantic Books, Berkeley 2013; Harvey, Andrew: The Hope. A Guide to Sacred Activism. Hay House, London u. a. 2009.
135 Thich Nhat Hanh: Interbeing. Commentaries on the Tiep Hien precepts. Parallax, Berkeley 1987. Dt.: Einssein. Tiêp-Hiên, vierzehn Tore zum

Buddhismus. Kommentare zu den Tiêp Hiên Regeln, Theseus, Zürich/ München 1991.

136 Comte-Sponville, André: Ermutigung zum unzeitgemäßen Leben. Ein kleines Brevier der Tugenden und Werte. Dt. von Josef Winiger. Rowohlt, Reinbek bei Hamburg 1996, S. 131.

137 Ebd., S. 137.

138 Ebd., S. 21.

139 Zitiert nach: Fox, Matthew: Schöpfungsspiritualität. Heilung und Befreiung für die erste Welt. Aus dem Amerikanischen von Jörg Wichmann. Kreuz, Stuttgart 1993, S. 120.

140 Vgl. Dalai Lama: Der Appell des Dalai Lama an die Welt. Ethik ist wichtiger als Religion. Mit Franz Alt. Benevento, Wals bei Salzburg 2015, S. 10.

141 Dürr, Hans-Peter: Teilhaben an einer unteilbaren Welt. Das ganzheitliche Weltbild der Quantenphysik. In: Gerald Hüther / Christa Spannbauer (Hg.): Verbundenheit. Warum wir ein neues Weltbild brauchen. 2., aktualisierte Aufl. Hogrefe, Bern 2018, S. 30.

142 Ebd., S. 22.

143 Jung, GW 9/II, § 412f.

144 Havel, Václav, zitiert nach: Laszlo, Ervin: Weltwende. Wie eine grüne Wirtschaft neue Politik und ein höheres Bewusstsein die Zukunft gestalten. Scorpio, Berlin/München 2011, S. 114.

145 Metzinger, Thomas: Bewusstseinskultur. Spiritualität, intellektuelle Redlichkeit und die planetare Krise. Berlin Verlag, Berlin/München 2023.

146 Ebd., S. 117.

147 Hinshaw, Robert / Fischli, Lela (Hg.): C. G. Jung im Gespräch. Interviews, Reden, Begegnungen. Daimon, Zürich 1986, S. 81.

148 Jung, GW 11, § 106.

149 Ebd., § 172.

150 Ebd., § 148.

151 Ders.: Briefe. Erster Band: 1906–1945. Hg. von Aniela Jaffé in Zusammenarbeit mit Gerhard Adler. Sonderausgabe. Edition C. G. Jung im Patmos Verlag, Ostfildern 2012, S. 132.

152 Vgl. Dorst, Brigitte (Hg.) C. G. Jung: Schriften zu Spiritualität und Transzendenz. 2. Aufl. Edition C. G. Jung im Patmos Verlag, Ostfildern 2021.

153 Jung, GW 10, § 655.

154 Ders., Briefe. Zweiter Band: 1946–1955. Hg. von Aniela Jaffé in Zusammenarbeit mit Gerhard Adler. Sonderausgabe. Edition C. G. Jung im Patmos Verlag, Ostfildern 2012, S. 515.

155 Ders., GW 8, § 131.

156 Ders., GW 6, § 833.

157 Ders., GW 14/II, § 442.

158 Ders., Erinnerungen, S. 327f.

159 Ders., Briefe I, S. 465.

160 Ders., GW 12, § 14.

161 Ders., GW 9/II, § 303.

162 Jung, Erinnerungen, S. 225.

163 Ebd., S. 6.
164 Ebd., S. 280.
165 Franz, Marie-Louise von: C.G. Jung. Sein Mythos in unserer Zeit. Huber, Frauenfeld 1972, S. 169.
166 Jung, GW 14/I, § 207.
167 Vgl. Dorst, Brigitte: C.G. Jung und die feministische Kritik. In: Du 8, 1995, S. 74–80.
168 Jung, Das Rote Buch, S. 232f.
169 Ders., GW 10, § 646.
170 Ders., GW 11, § 102.
171 Ders., Erinnerungen, S. 314.
172 Ebd., S. 341.
173 Ders.: Briefe. Dritter Band: 1956–1961. Hg. von Aniela Jaffé in Zusammenarbeit mit Gerhard Adler. Sonderausgabe. Edition C.G. Jung im Patmos Verlag, Ostfildern 2012, S. 178.
174 Domin, Hilde: Gesammelte Gedichte. 8. Aufl. S. Fischer, Frankfurt am Main 2002, S. 117.
175 Ders., GW 18/I, § 291.
176 Ders., GW 12, § 13.
177 Ebd., § 44.
178 Ders., GW 7, § 398f.
179 Ebd., § 399.
180 Bonhoeffer, Dietrich: Widerstand und Ergebung. Briefe und Aufzeichnungen aus der Haft. 11. Aufl. Kaiser, München 1962, S. 59.
181 Habermas, Jürgen: Die Neue Unübersichtlichkeit. Kleine politische Schriften V. Suhrkamp, Frankfurt am Main 1985.
182 Meadows, Dennis L./Meadows, Donella H./Randers, Jørgen/Behrens, William W. III: The Limits to Growth. A Report for the Club of Rome's Project on the Predicament of Mankind. New American Library, New York 1972; dt.: Die Grenzen des Wachstums. Bericht des Club of Rome zur Lage der Menschheit. DVA, Stuttgart 1972.
183 Dixson-Declève, Sandrine/Gaffney, Owen/Gosh, Jayati, et al.: Earth for All. A Survival Guide for Humanity. A Report to the Club of Rome (2022) Fifty Years After The Liomits to Growth (1972). New Society Publishers, Gabriola Island/Canada; dt.: Earth for All. Ein Survivalguide für unseren Planeten. Der neue Bericht an den Club of Rome, 50 Jahre nach »Die Grenzen des Wachstums«. Oekom, München 2022.
184 Dixson-Declève, Sandrine / Book, Simon / Hülsen, Isabell: »Müssen wir denn warten, bis alles in Schutt und Asche liegt?«. Interview mit Sandrine Dixson-Declève, Präsidentin des Club of Rome. In: Der Spiegel 4/2023, S. 66.
185 Dalai Lama: Mein Wegweiser zum Glück. Mit H.C. Cutler. Bastei Lübbe, Bergisch Gladbach 2004, S. 13.
186 Ebd., S. 15.
187 Vgl. Baumeister, Roy F.: Meanings of Life. Guilford, New York 1991.
188 Frankl, Viktor E.: Ärztliche Seelsorge. Grundlagen der Logotherapie und

Existenzanalyse. 4., vom Autor durchgesehene, verbesserte und ergänzte Aufl. S. Fischer, Frankfurt 1987, S. 96.

189 Vgl. Dorst, Brigitte: Lebenskrisen. Die Seele stärken durch Bilder, Geschichten und Symbole. Walter, Mannheim 2010.

190 Vgl. Dorst, Resilienz.

191 Vgl. Kast, Verena: Der schöpferische Sprung. Vom therapeutischen Umgang mit Krisen. Erweiterte Neuausgabe. Patmos, Ostfildern 2017.

192 Riedel, Ingrid: Die Welt im Spiegel der Seele. Gelebte Spiritualität. Erweiterte Neuausgabe. Patmos, Ostfildern 2017, S. 168.

193 Jung, GW 13, § 476.

194 Ders.: Der Mensch und seine Symbole. Mit Beiträgen von Marie-Louise von Franz / Joseph L. Henderson / Jolande Jacobi / Aniela Jaffé. Sonderausgabe. 23. Aufl. Patmos, Ostfildern 2021, S. 89.

195 Ders., GW 11, § 497.

196 Ebd., S. 184.

197 Ders., GW 8, § 28.

198 Vgl. Dorst, Brigitte: Therapeutischer Umgang mit Schicksal- und Sinnfragen. Zum Verhältnis von Psychotherapie und Spiritualität. In: Christiane Neuen / Ingrid Riedel / Hans-Georg Wiedemann (Hg.): Freiheit und Schicksal. Vom therapeutischen Umgang mit Zeit- und Lebensgeschichte. Patmos, Düsseldorf 2008, S. 11–35.

199 Wirtz, Ursula / Zöbeli, Jürg: Hunger nach Sinn. Menschen in Grenzsituationen – Grenzen der Psychotherapie. Kreuz, Zürich 1995, S. 224, 310.

200 Rilke, Rainer Maria: Die Gedichte. 8. Aufl. Insel, Frankfurt am Main 1996, S. 346.

201 Jung, Briefe III, S. 328.

202 Ders., Briefe II, S. 82.

203 Ebd.

204 Ders., GW 10, § 255.

205 Vgl. Dorst, Brigitte: »Das Geheimnis des Lebens ist zwischen Zweien verborgen« (C. G. Jung). Der therapeutische Eros und die heilende Kraft der Liebe. In: Brigitte Dorst / Christiane Neuen / Wolfgang Teichert (Hg.): Liebe – die transformierende Kraft in Beziehungen und Gesellschaft. Patmos, Ostfildern 2014, S. 47–70.

206 Riedel / Henzler: Maltherapie, S. 28.

207 Ebd.

208 Müller, Lutz / Knoll, Dieter: Ins Innere der Dinge schauen. Mit Symbolen schöpferisch leben. Walter, Zürich/Düsseldorf 1998, S. 87f.

209 Jung, GW 10, § 352.

210 Jaeggi, Eva: Liebe und Heilung. Neue Perspektiven in der therapeutischen Beziehung. Walter, Düsseldorf/Zürich 2004.

211 Dieckmann, Hans: Der Anstoß zur Individuation. Überlegungen zur therapeutischen Methode. In: Analytische Psychologie 12, 1981, S. 59.

212 Rogers, Carl R.: An unappreciated way of being. In: Person-Centered Review, 1975, S. 4. Zitiert nach: Auckenthaler, Anna / Bischkopf, Jeannette: Empathie und Akzeptanz in der Verhaltenstherapie. Eine Annäherung an

die Gesprächspsychotherapie. In: Psychotherapie im Dialog 5.4, 2004, S. 390. Übersetzung von Anna Auckenthaler / Jeannette Bischkopf.
213 Auckenthaler / Bischkopf, Empathie und Akzeptanz in der Verhaltenstherapie, S. 93.
214 Lown, Bernard: Die verlorene Kunst des Heilens. Anleitung zum Umdenken. Schattauer, Stuttgart/New York 2002.
215 Jaeggi, Liebe und Heilung, S. 35f.
216 Hole, Günter: Gedanken zu den Grenzen unseres Tuns und zu den Berührungspunkten zwischen dem so genannten säkularen und dem so genannten religiösen Bereich. Forum zum Thema Heilung und Heil aus der Perspektive der Psychotherapie und der Medizin. In: Helga Egner (Hg.): Heilung und Heil. Begegnung – Verantwortung – Interkultureller Dialog. Walter, Düsseldorf/Zürich 2003, S. 217.
217 Jung, GW 16, § 198.
218 Ders., GW 18/I, § 518.
219 Ders., Erinnerungen, S. 139.
220 Ders., GW 16, § 289.
221 Ders., GW 10, § 881.
222 Ders., GW 18/I, § 518.
223 Ders., GW 18/II, § 1172.
224 Ders., GW 7, § 258.
225 Stern, Daniel N., et al. (The Boston Change Process Study Group): Veränderungsprozesse. Ein integratives Paradigma. Brandes & Apsel, Frankfurt am Main 2012.
226 Ebd., S. 35.
227 Ebd., S. 247.
228 Ebd.
229 Wirtz, Ursula: Seelenmord. Inzest und Therapie. 3. Aufl. Kreuz, Zürich 1989, S. 162.
230 Jung, Erinnerungen, S. 356.
231 Wirtz / Zöbeli, Hunger nach Sinn, S. 340.
232 Ornish, Dean: Die revolutionäre Therapie: Heilen mit Liebe. Mosaik, München 1999.
233 Vgl. ebd., S. 64–68.
234 Vgl. ebd., S. 83f., 162.
235 Hüther/Spannbauer, Verbundenheit.
236 Vgl. Freud, Sigmund / Jung, C. G.: Briefwechsel. Hg. von William McGuire / Wolfgang Sauerländer. S. Fischer, Frankfurt am Main 1974, S. 13.
237 Fromm, Die Kunst des Liebens, S. 53.
238 Ebd.
239 Schaup, Susanne: Sophia. Das Weibliche in Gott. Kösel, München 1994, S. 10.
240 Vgl. Wilber, Ken: Vom Tier zu den Göttern. Die große Kette des Seins. Hg. von Edith Zundel. 2., aktualis. Neuaufl. Herder, Freiburg im Breisgau u. a. 2001.
241 Scobel, Gert: Weisheit. Über das, was uns fehlt. DuMont, Köln 2008.

242 Ebd., S. 84.
243 Jäger, Willigis: Ewige Weisheit. Das Geheimnis hinter allen spirituellen Wegen. Kösel, München 2010, S. 11.
244 Staudinger, Ursula M. / Smith, Jacqui / Baltes, Paul: Handbuch zur Erfassung von weisheitsbezogenem Wissen. Max-Planck-Institut für Bildungsforschung, Berlin 1994.
245 Vgl. Glück, Judith: Weisheit. Die 5 Prinzipien gelingenden Lebens. Kösel, München 2016, S. 39–183.
246 Vgl. Treichler, Emily B.H. / Palmer, Barton W. / Wu, Tsung-Chin, et al.: Women and Men Differ in Relative Strengths in Wisdom Profiles: A Study of 659 Adults Across the Lifespan. In: Front. Psychol., 3 February 2022. https://doi.org/10.3389/fpsyg.2021.769294 [Zugriff: 16.1.2023].
247 Inayat Khan, Hazrat: Vom Glück der Harmonie. Herder: Freiburg im Breisgau 1979, S. 26.
248 Schaup, Sophia, S. 203.
249 Scobel, Weisheit, S. 11.
250 Die nachfolgenden Bibelverse wurden von mir zum Teil aus unterschiedlichen Bibelübersetzungen zusammengestellt. Es kommt mir nicht auf die exegetische Korrektheit der Texte an, sondern auf ihren Inhalt bzw. Geist *(ruach)*.
251 Neumann, Erich: Die Große Mutter. Neuausgabe. Patmos, Ostfildern 2018, S. 309.
252 Schmid, Wilhelm: Schönes Leben? Einführung in die Lebenskunst. Suhrkamp, Frankfurt am Main 2000, S. 31.
253 Schiepek, Günter: Selbstsorge in helfenden Berufen. Systemkompetenz als Merkmal von Professionalität. In: Kath. Ärztearbeit Deutschlands (Hg.): Wenn Helfer Hilfe brauchen – Das Burnout-Syndrom. Knoth, Melle 1997, S. 54.
254 Schmid, Schönes Leben, S. 170.
255 Foucault, Michel: Die Sorge um sich. Sexualität und Wahrheit III. Suhrkamp, Frankfurt am Main 1986.
256 Foucault, zitiert nach: Gussone, Barbara / Schiepek, Günter: Die »Sorge um sich«. Burnout-Prävention und Lebenskunst in helfenden Berufen.« dgvt-Verlag, Tübingen 2000, S. 126.
257 Dieser Text von Vers 49 wurde aus zwei Übersetzungen zusammengestellt, aus: Laotse: Tao Te King. Eine neue Bearbeitung von Gia-fu Feng und Jane English. Dt. Übersetzung: Sylvia Luetjohann. 3. Aufl. Hugendubel, München 1983, o.S., und ders.: Tao te King. Das Buch des Alten vom. Sinn und Leben. Aus dem Chinesischen verdeutscht und erläutert von Richard Wilhelm. Diederichs, Düsseldorf/Köln 1957, S. 92.
258 Vgl. Dorst, Brigitte: Altern als Lebenskrise und Reifungschance. In: Brigitte Dorst / Christiane Neuen / Wolfgang Teichert (Hg.): Übergänge – Krisen – Visionen. Patmos, Ostfildern 2011, S. 31–50.
259 Kast, Verena: Lebenskrisen werden Lebenschancen. Wendepunkte des Lebens aktiv gestalten. Herder, Freiburg im Breisgau 2000, S. 30.
260 Hesse, Hermann: Lektüre für Minuten. Gedanken aus seinen Büchern und

Briefen. Auswahl und Nachwort von Volker Michels. Suhrkamp: Frankfurt am Main 1971, S. 183.

261 Jung, GW 7, § 67.

262 Ders. in: Hinshaw / Fischli, Jung im Gespräch, S. 301f.

263 Vgl. Dorst, Brigitte: Analytische Psychologie. »Den Tod als ein Ziel sehen« (C. G. Jung). In: Daniel Berthold / Jan Gramm / Manfred Gaspar / Ulf Sibelius (Hg.): Psychotherapeutische Perspektiven am Lebensende. Vandenhoeck & Ruprecht, Göttingen 2017, S. 87–104.

264 Jung, GW 8, § 800.

265 Ders., GW 13, § 68.

266 Ders., GW 8, § 800.

267 Ders., Erinnerungen, S. 305.

268 Ders.: Briefe II, S. 205.

269 Ders., Erinnerungen, S. 324f.

270 Duden. Das Große Wörterbuch der deutschen Sprache in 10 Bänden. Bd. 4: Gele – Impr. 3. völlig neu bearbeitete und erweiterte Aufl. Dudenverlag, Mannheim u. a. 1999.

271 Sascha Lobo, zitiert nach: Panzer, Lucie: Herzensbildung. Morgenandacht im Deutschlandfunk, 9. 8. 2016. https://rundfunk.evangelisch.de/kirche-im-radio/morgenandacht/herzensbildung-8217 [Zugriff: 22. 1. 2023].

272 Ders.: Netzhass ist gratis. Spiegel Online, https://www.spiegel.de/netzwelt/web/kolumne-von-sascha-lobo-ueber-hass-in-der-digitalen-gesellschaft-a-870799.html [Zugriff: 22. 1. 2023].

273 Dalai Lama: »Wir sind eine Menschheit auf einem Planeten«. Interview, geführt am 20. 1. 2018 von Franz Alt für die US-Ausgabe des gemeinsamen Buches »Ethik ist wichtiger als Religion«. Auf der Internetseite von Franz Alt nicht mehr zugänglich, aber hier zitiert: https://www.karlsruher-kind.de/redaktion/der-dalai-lama-im-interview-mit-journalist-franz-alt/ [Zugriff: 22. 1. 2023].

274 Scheler, Max: Wesen und Formen der Sympathie. Die deutsche Philosophie der Gegenwart. Hg. von Manfred S. Frings. 6., durchgesehene Aufl. Francke, Bern/München 1973, S. 20

275 Vgl. Dalai Lama: Der Appell des Dalai Lama an die Welt, S. 10.

276 Jung, Erinnerungen, S. 360.

277 Ders., GW 16, § 227.

Literatur

Antonovsky, Aaron: Salutogenese. Zur Entmystifizierung der Gesundheit. dgvt-Verlag, Tübingen 1997.

Auckenthaler, Anna / Bischkopf, Jeannette: Empathie und Akzeptanz in der Verhaltenstherapie. Eine Annäherung an die Gesprächspsychotherapie. In: Psychotherapie im Dialog 5.4, 2004, S. 388–392.

Baumeister, Roy F.: Meanings of Life. Guilford, New York 1991.

Böhme, Wolfgang: Da geschieht eine selige Stille. Annäherung an Mystik. Patmos, Düsseldorf 2000.

Bonhoeffer, Dietrich: Widerstand und Ergebung. Briefe und Aufzeichnungen aus der Haft. 11. Aufl. Kaiser, München 1962.

Bucher, Anton: Psychologie der Spiritualität. Handbuch. Beltz, Weinheim 2007.

Comte-Sponville, André: Ermutigung zum unzeitgemäßen Leben. Ein kleines Brevier der Tugenden und Werte. Dt. von Josef Winiger. Rowohlt, Reinbek bei Hamburg 1996.

Dalai Lama: Der Appell des Dalai Lama an die Welt. Ethik ist wichtiger als Religion. Mit Franz Alt. Benevento, Wals bei Salzburg 2015.

Dalai Lama: »Wir sind eine Menschheit auf einem Planeten«. Interview, geführt am 20. 1. 2018 von Franz Alt für die US-Ausgabe des gemeinsamen Buches »Ethik ist wichtiger als Religion«. Auf der Internetseite von Franz Alt nicht mehr zugänglich, aber hier zitiert: https://www.karlsruher-kind.de/redaktion/der-dalai-lama-im-interview-mit-journalist-franz-alt/ [Zugriff: 22. 1. 2023].

Dalai Lama: Mein Wegweiser zum Glück. Mit H.C. Cutler. Bastei Lübbe, Bergisch Gladbach 2004.

Damasio, Antonio R.: Ich fühle, also bin ich. Die Entschlüsselung des Bewusstseins. List, München 2000.

Dieckmann, Hans: Der Anstoß zur Individuation. Überlegungen zur therapeutischen Methode. In: Analytische Psychologie, 12, 1981, S. 52–46, 59.

Dieckmann, Hans: Träume. Das Tor zur inneren Wirklichkeit. Econ-TB, Düsseldorf 1990.

Dixson-Declève, Sandrine / Book, Simon / Hülsen, Isabell: »Müssen wir denn warten, bis alles in Schutt und Asche liegt?«. Interview mit Sandrine Dixson-Declève, Präsidentin des Club of Rome. In: Der Spiegel 4/2023, S. 66–68.

Dixson-Declève, Sandrine / Gaffney, Owen / Gosh, Jayati, et al.: Earth for All. A Survival Guide for Humanity. A Report to the Club of Rome (2022) Fifty Years After The Limits to Growth (1972). New Society Publishers, Gabriola Island / Canada; dt.: Earth for All. Ein Survivalguide für unseren Planeten. Der neue Bericht an den Club of Rome, 50 Jahre nach »Die Grenzen des Wachstums«. Oekom, München 2022.

Domhoff, G. William: The Mystique of Dreams. A Search for Utopia Through Senoi Dream Theory. University of California Press, Berkeley 1985.

Domin, Hilde: Gesammelte Gedichte. 8. Aufl. S. Fischer, Frankfurt am Main 2002.

Dorst, Brigitte: Alles beginnt mit Sehnsucht und Suche. Herzensbildung auf dem Sufi-Weg. Patmos, Ostfildern 2018.
Dorst, Brigitte: Altern als Lebenskrise und Reifungschance. In: Brigitte Dorst / Christiane Neuen / Wolfgang Teichert (Hg.): Übergänge – Krisen – Visionen. Patmos, Ostfildern 2011, S. 31–50.
Dorst, Brigitte: Analytische Psychologie. »Den Tod als ein Ziel sehen« (C. G. Jung). In: Daniel Berthold / Jan Gramm / Manfred Gaspar / Ulf Sibelius (Hg.): Psychotherapeutische Perspektiven am Lebensende. Vandenhoeck & Ruprecht, Göttingen 2017, S. 87–104.
Dorst, Brigitte: Der Archetyp der Gruppe. Gruppen als Erfahrungsräume der Individuation und Ko-Individuation. In: Analytische Psychologie 181, 2015, S. 336–361.
Dorst, Brigitte (Hg.): C. G. Jung: Schriften zu Spiritualität und Transzendenz. 2. Aufl. Edition C. G. Jung im Patmos Verlag, Ostfildern 2021.
Dorst, Brigitte: C. G. Jung und die feministische Kritik. In: Du 8, 1995, S. 74–80.
Dorst, Brigitte: Einleitung. In: dies. (Hg.): C. G. Jung: Schriften zu Spiritualität und Transzendenz. 2. Aufl. Edition C. G. Jung im Patmos Verlag, Ostfildern 2021, S. 7–24.
Dorst, Brigitte: »Das Geheimnis des Lebens ist zwischen Zweien verborgen« (C. G. Jung). Der therapeutische Eros und die heilende Kraft der Liebe. In: Brigitte Dorst / Christiane Neuen / Wolfgang Teichert (Hg.): Liebe – die transformierende Kraft in Beziehungen und Gesellschaft. Patmos, Ostfildern 2014, S. 47–70.
Dorst, Brigitte: Die Kunst der Traumdeutung. In: Jung Journal 47, 2022, S. 21–30.
Dorst, Brigitte: Lauschen mit dem dritten Ohr. Träume als spirituelle Wegweiser. In: Verena Kast (Hg.): Aus reichen Quellen schöpfen. Inspirationen aus Ingrid Riedels Lebenswerk. Patmos, Ostfildern 2015, S. 113–130.
Dorst, Brigitte: Lebenskrisen. Die Seele stärken durch Bilder, Geschichten und Symbole. Walter, Mannheim 2010.
Dorst, Brigitte: Resilienz. Seelische Widerstandskräfte stärken. Aktualisierte Neuausgabe. Patmos, Ostfildern 2023.
Dorst, Brigitte: Symbole als Grundlagen der Aktiven Imagination. In: dies. / Ralf T. Vogel (Hg.): Aktive Imagination. Schöpferisch leben aus inneren Bildern. Kohlhammer, Stuttgart 2014, S. 51–68.
Dorst, Brigitte: Therapeutischer Umgang mit Schicksal- und Sinnfragen. Zum Verhältnis von Psychotherapie und Spiritualität. In: Christiane Neuen / Ingrid Riedel / Hans-Georg Wiedemann (Hg.): Freiheit und Schicksal. Vom therapeutischen Umgang mit Zeit- und Lebensgeschichte. Patmos, Düsseldorf 2008, S. 11–35.
Dorst, Brigitte: Therapeutisches Arbeiten mit Symbolen. Wege in die innere Bilderwelt. 3., aktualisierte Auflage. Kohlhammer, Stuttgart 2022.
Dorst, Brigitte: »Die Welt ist tief und tiefer als der Tag gedacht« (Nietzsche). Selbst- und Welterkenntnis durch Symbole. In: Jung Journal 44, 2020, S. 15–19.

Dorst, Brigitte / Vogel, Ralf T. (Hg.): Aktive Imagination. Schöpferisch leben aus inneren Bildern. Kohlhammer, Stuttgart 2014.

Duden. Das Große Wörterbuch der deutschen Sprache in 10 Bänden. Bd. 4: Gele-Impr. 3. völlig neu bearbeitete und erweiterte Aufl. Dudenverlag, Mannheim u. a. 1999.

Dürr, Hans-Peter: Teilhaben an einer unteilbaren Welt. Das ganzheitliche Weltbild der Quantenphysik. In: Gerald Hüther / Christa Spannbauer (Hg.): Verbundenheit. Warum wir ein neues Weltbild brauchen. 2., aktualisierte Aufl. Hogrefe, Bern 2018, S. 19–32.

Dürr, Hans-Peter / Oesterreicher, Marianne: Wir erleben mehr als wir begreifen. Quantenphysik und Lebensfragen. Herder, Freiburg im Breisgau 2001.

Eccles, John C. / Popper, Kar R.: Das Ich und sein Gehirn. 4., überarbeitete Aufl. Piper, München 2005.

Eisenstein, Charles: The More Beautiful World Our Hearts Know Is Possible. North Atlantic Books, Berkeley 2013.

Ermann, Michael: Die Arbeit mit Träumen bei Freud und heute. In: Journal für Psychoanalyse 58, 2017, S. 170–184.

Ermann, Michael: Träume und Träumen. Kohlhammer, Stuttgart 2005.

Foucault, Michel: Die Sorge um sich. Sexualität und Wahrheit III. Suhrkamp, Frankfurt am Main 1986.

Fox, Matthew: Schöpfungsspiritualität. Heilung und Befreiung für die erste Welt. Aus dem Amerikanischen von Jörg Wichmann. Kreuz, Stuttgart 1993.

Frankl, Viktor E.: Ärztliche Seelsorge. Grundlagen der Logotherapie und Existenzanalyse. 4., vom Autor durchgesehene, verbesserte und ergänzte Aufl. S. Fischer, Frankfurt 1987.

Franz, Marie-Louise von: C. G. Jung. Sein Mythos in unserer Zeit. Huber, Frauenfeld 1972.

Freud, Sigmund / Jung, C. G.: Briefwechsel. Hg. von William McGuire/Wolfgang Sauerländer. S. Fischer, Frankfurt am Main 1974.

Fromm, Erich: Die Kunst des Liebens. Ullstein, Frankfurt am Main u. a. 1977.

Fromm, Erich: Märchen, Mythen, Träume. Eine Einführung in das Verständnis einer vergessenen Sprache. DVA, Stuttgart 1980.

Gebser, Jean: Ursprung und Gegenwart. Teil: T. 1., Die Fundamente der aperspektivischen Welt. Beiträge zu einer Geschichte der Bewusstwerdung. dtv, München 1973.

Gebser, Jean: Ursprung und Gegenwart. Teil: T. 2., Die Manifestationen der aperspektivischen Welt. Versuch einer Konkretion des Geistigen. dtv, München 1973.

Gebser, Jean: Ursprung und Gegenwart. Teil: Kommentarband. dtv, München 1973.

Glück, Judith: Weisheit. Die 5 Prinzipien gelingenden Lebens. Kösel, München 2016.

Goethe, Johann Wolfgang von: Sämtliche Werke. Bd. 9: Maximen und Reflexionen. Hg. von Ernst Beutler. Artemis, Zürich 1977.

Griffiths, Bede: Unteilbarer Geist. Quelle der Heiligen Schrift. Upanishaden, Bhagavad Gita, Dhammapada, Mahayana Shraddotpada Shastra, Tao te

King, Sikh-Gebete, Koran, Al-Ghazali, Rumi, Bücher der Weisheit, Evangelien, Epheserbrief. Hg. von Roland R. Ropers. Dingfelder, Andechs 1996.
Gsteiger, Manfred (Hg.): Träume in der Weltliteratur. Manesse, Zürich 1999.
Gussone, Barbara / Schiepek, Günter: Die »Sorge um sich«. Burnout-Prävention und Lebenskunst in helfenden Berufen.« dgvt-Verlag, Tübingen 2000.
Habermas, Jürgen: Die Neue Unübersichtlichkeit. Kleine politische Schriften V. Suhrkamp, Frankfurt am Main 1985.
Harvey, Andrew: The Hope. A Guide to Sacred Activism. Hay House, London u.a. 2009.
Harvey, Andrew / Baker, Carolyn: Radical Regeneration. Sacred Activism and the Renewal of the World. Inner Traditions, Rochester, Vermont, 2022.
Hesse, Hermann: Lektüre für Minuten. Gedanken aus seinen Büchern und Briefen. Auswahl und Nachwort von Volker Michels. Suhrkamp: Frankfurt am Main 1971.
Hinshaw, Robert / Fischli, Lela (Hg.): C. G. Jung im Gespräch. Interviews, Reden, Begegnungen. Daimon, Zürich 1986.
Hofmann, Liane / Heise, Patrizia (Hg.): Spiritualität und spirituelle Krisen. Handbuch zu Theorie, Forschung und Praxis. Schattauer, Stuttgart 2017.
Hole, Günter: Gedanken zu den Grenzen unseres Tuns und zu den Berührungspunkten zwischen dem so genannten säkularen und dem so genannten religiösen Bereich. Forum zum Thema Heilung und Heil aus der Perspektive der Psychotherapie und der Medizin. In: Egner, Helga (Hg.): Heilung und Heil. Begegnung – Verantwortung – Interkultureller Dialog. Walter, Düsseldorf/Zürich 2003, S. 216–221.
Hüther, Gerald: Die Macht der inneren Bilder. Wie Visionen das Gehirn, den Menschen und die Welt verändern. Vandenhoeck & Ruprecht, Göttingen 2005.
Hüther, Gerald / Spannbauer, Christa (Hg.): Verbundenheit. Warum wir ein neues Weltbild brauchen. 2., aktualisierte Aufl. Hogrefe, Bern 2018.
Inayat Khan, Hazrat: Vom Glück der Harmonie. Herder: Freiburg im Breisgau 1979.
Jacobi, Jolande: Die Psychologie von C. G. Jung. Eine Einführung in das Gesamtwerk, mit einem Geleitwort von C. G. Jung. Neuausgabe. 2., aktualisierte Auflage. Patmos, Ostfildern 2012.
Jacobi, Jolande: Vom Bilderreich der Seele. Wege und Umwege zu sich selbst. Walter, Olten 1981.
Jaeggi, Eva: Liebe und Heilung. Neue Perspektiven in der therapeutischen Beziehung. Walter, Düsseldorf/Zürich 2004.
Jäger, Willigis: Ewige Weisheit. Das Geheimnis hinter allen spirituellen Wegen. Kösel, München 2010.
Jäger, Willigis: Die schönsten Texte von Willigis Jäger. Perlen der Weisheit. Hg. von Christoph Quarch / Elisabeth Walcher. Herder, Freiburg im Breisgau 2010.
Jäger, Willigis: Weisheitsspuren. Die schönsten Impulse. Hg. von Ursula Richard. Kösel, München 2017.
Jäger, Willigis: Die Welle ist das Meer. Mystische Spiritualität. 5. Aufl. Herder, Freiburg im Breisgau 2000.

Jäger, Willigis: Westöstliche Weisheit. Visionen einer integralen Spiritualität. Theseus, Stuttgart 2007.

Jung, C. G.: Briefe. 3 Bde. Hg. von Aniela Jaffé. In Zusammenarbeit mit Gerhard Adler. Sonderausgabe. Edition C. G. Jung im Patmos Verlag, Ostfildern 2012.

Jung, C. G.: Briefe. Erster Band: 1906–1945. Hg. von Aniela Jaffé in Zusammenarbeit mit Gerhard Adler. Sonderausgabe. Edition C. G. Jung im Patmos Verlag, Ostfildern 2012.

Jung, C. G.: Briefe. Zweiter Band: 1946–1955. Hg. von Aniela Jaffé in Zusammenarbeit mit Gerhard Adler. Sonderausgabe. Edition C. G. Jung im Patmos Verlag, Ostfildern 2012.

Jung, C. G.: Briefe. Dritter Band: 1956–1961. Hg. von Aniela Jaffé in Zusammenarbeit mit Gerhard Adler. Sonderausgabe. Edition C. G. Jung im Patmos Verlag, Ostfildern 2012.

Jung, C. G.: Erinnerungen, Träume, Gedanken. Aufgezeichnet und herausgegeben von A. Jaffé. Sonderausgabe. Walter, Olten / Freiburg im Breisgau 1984.

Jung, C. G.: Gesammelte Werke (GW). 20 Bde. Hg. von Lilly Jung-Merker / Elisabeth Rüf / Leonie Zander et al. Sonderausgabe. Edition C. G. Jung im Patmos Verlag, Ostfildern 2011ff.

Jung, C. G.: Der Mensch und seine Symbole. Mit Beiträgen von Marie-Louise von Franz / Joseph L. Henderson / Jolande Jacobi / Aniela Jaffé. Sonderausgabe. 23. Aufl. Patmos, Ostfildern 2021.

Jung, C. G.: Das Rote Buch. Liber Novus. Herausgegeben und eingeleitet von Sonu Shamdasani. Vorwort von Ulrich Hoerni. Einleitung, Hinweise des Herausgebers zur Edition, Anmerkungsapparat und Danksagung aus dem Englischen von Christian Hermes. (Philemon Series.) 6. Aufl. Patmos, Ostfildern 2019.

Kast, Verena: Die Dynamik der Symbole. Grundlagen der Jung'schen Psychotherapie. 4. Aufl. der Neuausgabe. Patmos, Ostfildern 2022.

Kast, Verena: Lebenskrisen werden Lebenschancen. Wendepunkte des Lebens aktiv gestalten. Herder, Freiburg im Breisgau 2000.

Kast, Verena: Der schöpferische Sprung. Vom therapeutischen Umgang mit Krisen. Erweiterte Neuausgabe. Patmos, Ostfildern 2017.

Kast, Verena: Träumend imaginieren. Einblicke in die Traumwerkstatt. Vandenhoeck & Ruprecht, Göttingen 2019.

Kast, Verena: Transzendenz der Psyche. In: Helga Egner (Hg.): Psyche und Transzendenz im gesellschaftlichen Spannungsfeld heute. Walter, Düsseldorf/Zürich 2000, S. 33–55.

Keupp, Heiner / Höfer, Renate (Hg.): Identitätsarbeit heute. Klassische und aktuelle Perspektiven der Identitätsforschung. Suhrkamp, Frankfurt am Main 1997.

Laotse: Tao te King. Das Buch des Alten vom Sinn und Leben. Aus dem Chinesischen verdeutscht und erläutert von Richard Wilhelm. Diederichs, Düsseldorf/Köln 1957.

Laotse: Tao Te King. Eine neue Bearbeitung von Gia-fu Feng und Jane English. Dt. Übersetzung: Sylvia Luetjohann. 3. Aufl. Hugendubel, München 1983.

Laotse: Tao Te King. Eine zeitgemäße Version für westliche Leser. Mit Vorwort und Kommentar von Stephen Mitchell. Ins Deutsche übertragen von Peter Kobbe. Goldmann, München 2003.

Laszlo, Ervin: Weltwende. Wie eine grüne Wirtschaft neue Politik und ein höheres Bewusstsein die Zukunft gestalten. Scorpio, Berlin/München 2011.

Lauf, Detlef Ingo: Symbole. Verschiedenheit und Einheit in östlicher und westlicher Kultur. Insel, Frankfurt am Main, 1976.

Lobo, Sascha: Netzhass ist gratis. Spiegel Online, https://www.spiegel.de/netzwelt/web/kolumne-von-sascha-lobo-ueber-hass-in-der-digitalen-gesellschaft-a-870799.html [Zugriff: 22. 1. 2023].

Lown, Bernard: Die verlorene Kunst des Heilens. Anleitung zum Umdenken. Schattauer, Stuttgart/New York 2002.

Lurker, Manfred: Wörterbuch der Symbolik. 2., erweitere Aufl. Kröner, Stuttgart 1983.

Macy, Joanna / Brown, Molly: Für das Leben! Ohne Warum. Ermutigung zu einer spirituell-ökologischen Revolution. Aus dem Amerikanischen von Barbara Hamburger-Langer und Gunter Hamburger. 4., überarbeitete Aufl. Junfermann, Paderborn 2017.

Meadows, Dennis L. / Meadows, Donella H. / Randers, Jørgen / Behrens, William W. III: The Limits to Growth. A Report for the Club of Rome's Project on the Predicament of Mankind. New American Library, New York 1972; dt.: Die Grenzen des Wachstums. Bericht des Club of Rome zur Lage der Menschheit. DVA, Stuttgart 1972.

Metzinger, Thomas: Bewusstseinskultur. Spiritualität, intellektuelle Redlichkeit und die planetare Krise. Berlin Verlag, Berlin/München 2023.

Metzner, Ralph: Zehn klassische Metaphern für die Transformation des Selbst. In: Zundel, Edith / Fittkau, Bernd (Hg.): Spirituelle Wege und Transpersonale Psychotherapie. Junfermann, Paderborn 1989, S. 439–457.

Müller, Lutz: Thesen zur Archetypentheorie. In: Analytische Psychologie 193, 1/2020, S. 175–189.

Müller, Lutz / Knoll, Dieter: Ins Innere der Dinge schauen. Mit Symbolen schöpferisch leben. Walter, Zürich/Düsseldorf 1998.

Müller, Lutz / Müller, Anette: Wörterbuch der Analytischen Psychologie. Walter, Düsseldorf/Zürich 2003.

Neumann, Erich: Die Große Mutter. Neuausgabe. Patmos, Ostfildern 2018.

Novalis: Gedichte, Romane. Eingeleitet und erläutert von Emil Staiger. Manesse, Zürich 1968.

Novalis: Werke. Hg. und kommentiert von Gerhard Schulz. 4. Aufl. auf der Grundlage der 2., neubearb. Aufl. C. H. Beck, München 2001.

Ornish, Dean: Die revolutionäre Therapie: Heilen mit Liebe. Mosaik, München 1999.

Pannikar, Raimon: Vorwort. In: Jäger, W.: Westöstliche Weisheit. Visionen einer integralen Spiritualität. Theseus, Stuttgart 2007, S. 7–11.

Panzer, Lucie: Herzensbildung. Morgenandacht im Deutschlandfunk, 9. 8. 2016. https://rundfunk.evangelisch.de/kirche-im-radio/morgenandacht/herzensbildung-8217 [Zugriff: 22. 1. 2023].

Pascal, Blaise: Gedanken über Gott und den Menschen. Insel, Wiesbaden 1960.

Rahner, Karl: Schriften zur Theologie VII: Zur Theologie des geistlichen Lebens. Benziger, Einsiedeln u. a. 1966.

Reik, Theodor: Hören mit dem dritten Ohr. Die innere Erfahrung eines Psychoanalytikers. Mit einer Einführung von Johannes Cremerius. Aus dem Amerikanischen von Gisela Schad. Fischer-TB, Frankfurt am Main 1983.

Riedel, Ingrid: Die Symbolik der Farben. Eine tiefenpsychologische Farbenlehre. Neuausgabe. 2. Aufl. Patmos, Ostfildern 2022.

Riedel, Ingrid: Träume – Wegweiser in neue Lebensphasen. Überarbeitete Neuausgabe. Patmos, Ostfildern 2019.

Riedel, Ingrid: Die Welt im Spiegel der Seele. Gelebte Spiritualität. Erweiterte Neuausgabe. Patmos, Ostfildern 2017.

Riedel, Ingrid / Henzler, Christa: Malen in der Gruppe. Modelle für die therapeutische Arbeit mit Symbolen. Kreuz, Stuttgart 2008.

Riedel, Ingrid / Henzler, Christa: Maltherapie. Auf Basis der Analytischen Psychologie C. G. Jungs. Erweiterte Neuausgabe. Patmos, Ostfildern 2016.

Rieß, Giesela: Traumbild Feuer. Von der elementaren Wandlungskraft. Walter, Olten / Freiburg im Breisgau 1986.

Rilke, Rainer Maria: Die Gedichte. 8. Aufl. Insel, Frankfurt am Main 1996.

Rogers, Carl R.: An unappreciated way of being. In: Person-Centered Review, 1975, S. 2–10.

Rosenberg, Alfons: Einführung in das Symbolverständnis. Ursymbole und ihre Wandlungen. Herder, Freiburg im Breisgau 1984.

Schaup, Susanne: Sophia. Das Weibliche in Gott. Kösel, München 1994.

Scheler, Max: Wesen und Formen der Sympathie. Die deutsche Philosophie der Gegenwart. Hg. von Manfred S. Frings. 6., durchgesehene Aufl. Francke, Bern/München 1973.

Schiepek, Günter: Selbstsorge in helfenden Berufen. Systemkompetenz als Merkmal von Professionalität. In: Kath. Ärztearbeit Deutschlands (Hg.): Wenn Helfer Hilfe brauchen – Das Burnout-Syndrom. Knoth, Melle 1997, S. 51–69.

Schimmel, Annemarie: Die Träume des Kalifen. Träume und ihre Deutung in der islamischen Kultur. C. H. Beck, München 1980.

Schmid, Wilhelm: Schönes Leben? Einführung in die Lebenskunst. Suhrkamp, Frankfurt am Main 2000.

Scobel, Gert: Weisheit. Über das, was uns fehlt. DuMont, Köln 2008.

Staudinger, Ursula M. / Smith, Jacqui / Baltes, Paul: Handbuch zur Erfassung von weisheitsbezogenem Wissen. Max-Planck-Institut für Bildungsforschung, Berlin 1994.

Stefanek, Michael E. / Grenn, Paige Alison / Hess, Stephanie A. (2004): Religion, spirituality, and cancer: Current status and methodological challenges. In: Psycho-Oncology 14.6, 2005, S. 450–463.

Stein, Murray: Individuation: Eine lebenslange psychologische Reise. In: Analytische Psychologie 144, 2/2006.

Steinmann, Ralph Marc: Spiritualität – die vierte Dimension der Gesundheit.

Eine Einführung aus der Sicht von Gesundheitsförderung und Prävention. 2. aktualisierte und erweiterte Aufl. Lit, Münster u. a. 2012.
Stern, Daniel N., et al. (The Boston Change Process Study Group): Veränderungsprozesse. Ein integratives Paradigma. Brandes & Apsel, Frankfurt am Main 2012.
Stutz, Pierre: Geborgen und frei. Mystik als Lebensstil. Kösel, München 2008.
Tacey, David John: The Spiritual Revolution. The Emergence of Contemporary Spirituality. Brunner-Routledge, London u. a. 2005.
Teasdale, Wayne: Das mystische Herz. Spirituelle Brücken bauen. Kamphausen, Bielefeld 2004.
Thich Nhat Hanh: Interbeing. Commentaries on the Tiep Hien precepts. Parallax, Berkeley 1987. Dt.: Einssein. Tiêp Hiên, vierzehn Tore zum Buddhismus. Kommentare zu den Tiêp Hiên Regeln, Theseus, Zürich/München 1991.
Treichler, Emily B. H. / Palmer, Barton W. / Wu, Tsung-Chin, et al.: Women and Men Differ in Relative Strengths in Wisdom Profiles: A Study of 659 Adults Across the Lifespan. In: Front. Psychol., 3 February 2022. https://doi.org/10.3389/fpsyg.2021.769294 [Zugriff: 16. 1. 2023].
Underhill, Evelyn: Mystik. Eine Studie über die Natur und Entwicklung des religiösen Bewußtseins im Menschen. Aus dem Englischen übertragen von Helene Meyer-Franck / Heinrich Meyer-Benfey. Unveränderter Nachdruck der Ausg. München 1928. Turm Verlag, Bietigheim/Württ. 1973.
Upanishaden. Altindische Weisheit aus Brâhmanas und Upanishaden. Übertragen und eingeleitet von Alfred Hillebrandt. Diederichs, Düsseldorf/Köln.
Wilber, Ken: Vom Tier zu den Göttern. Die große Kette des Seins. Hg. von Edith Zundel. 2., aktualis. Neuaufl. Herder, Freiburg im Breisgau u. a. 2001.
Wirtz, Ursula: Seelenmord. Inzest und Therapie. 3. Aufl. Kreuz, Stuttgart 1989.
Wirtz, Ursula / Zöbeli, Jürg: Hunger nach Sinn. Menschen in Grenzsituationen – Grenzen der Psychotherapie. Kreuz, Zürich 1995.

Bildnachweis

19 Abb. 1: Die Gesamtpsyche aus Sicht der Analytischen Psychologie. Aus: Jacobi, Jolande: Die Psychologie von C. G. Jung. Eine Einführung in das Gesamtwerk, mit einem Geleitwort von C. G. Jung. Neuausgabe. 2., aktualisierte Auflage. Ostfildern, Patmos Verlag 2012, S. 141, Schema 19 (nachgezeichnet von Christiane Neuen).
56 Bild 1: Krebs. Bild einer Patientin von B. D.
57 Bild 2: Vom Absturz bedroht. Bild einer Patientin von B. D.
58 Bild 3: Schweigen müssen. Bild einer Patientin von B. D.
59 Bild 4: Eingesperrt. Bild einer Patientin von B. D.
60 Bild 5: Insel mit Bäumen. Bild einer Patientin von B. D.
61 Bild 6: Mandala. Bild einer Patientin von C. G. Jung. Aus: ders., GW 9/I.

Quellenverzeichnis

Kapitel 1: Grundkonzepte der Analytischen Psychologie
Dieses Kapitel enthält überarbeitete Passagen aus: Dorst, Brigitte: Resilienz. Seelische Widerstandskräfte stärken. Aktualisierte Neuausgabe. Patmos, Ostfildern 2023; Dorst, Brigitte: Symbole als Grundlagen der Aktiven Imagination. In: dies. / Ralf T. Vogel (Hg.): Aktive Imagination. Schöpferisch leben aus inneren Bildern (S. 51–68). © 2014 Kohlhammer GmbH, Stuttgart; Dorst, Brigitte: Therapeutisches Arbeiten mit Symbolen. Wege in die innere Bilderwelt. 3., aktualisierte Auflage. © 2022 W. Kohlhammer GmbH, Stuttgart.

Kapitel 2: Zugang zur inneren Welt: Symbolarbeit in Therapie und Selbsterfahrung
Dieses Kapitel enthält überarbeitete Passagen aus: Dorst, Brigitte: Resilienz. Seelische Widerstandskräfte stärken. Aktualisierte Neuausgabe. Patmos, Ostfildern 2023; Dorst, Brigitte: Symbole als Grundlagen der Aktiven Imagination. In: dies. / Ralf T. Vogel (Hg.): Aktive Imagination. Schöpferisch leben aus inneren Bildern (S. 51–68). © 2014 Kohlhammer GmbH, Stuttgart; Dorst, Brigitte: Therapeutisches Arbeiten mit Symbolen. Wege in die innere Bilderwelt. 3., aktualisierte Auflage. © 2022 W. Kohlhammer GmbH, Stuttgart.

Kapitel 3: Die Kunst der Traumdeutung
Dieses Kapitel enthält überarbeitete Passagen aus: Dorst, Brigitte: Die Kunst der Traumdeutung. In: Jung Journal 47, April 2022, S. 21–30; Dorst, Brigitte: Lauschen mit dem dritten Ohr. Träume als spirituelle Wegweiser. In: Verena Kast (Hg.): Aus reichen Quellen schöpfen. Inspirationen aus Ingrid Riedels Lebenswerk. Patmos, Ostfildern 2015, S. 113–130.

Kapitel 4: Spiritualität – Transzendenzerfahrung und Selbsterkenntnis
Dieses Kapitel enthält überarbeitete Passagen aus: Dorst, Brigitte: Alles beginnt mit Sehnsucht und Suche. Herzensbildung auf dem Sufi-Weg. Patmos, Ostfildern 2018; Dorst, Brigitte: Therapeutischer Umgang mit Schicksal- und Sinnfragen. Zum Verhältnis von Psychotherapie und Spiritualität. In: Christiane Neuen / Ingrid Riedel / Hans-Georg Wiedemann (Hg.): Freiheit und Schicksal. Vom therapeutischen Umgang mit Zeit- und Lebensgeschichte. Patmos, Düsseldorf 2008, S. 11–35.

Kapitel 5: »Bist du auf Unendliches bezogen?« (C. G. Jung) – Spiritualität in der Analytischen Psychologie
Dieses Kapitel enthält überarbeitete Passagen aus: Dorst, Brigitte: Einleitung. In: dies. (Hg.): C. G. Jung: Schriften zu Spiritualität und Transzendenz. 2. Aufl. Edition C. G. Jung im Patmos Verlag, Ostfildern 2021, S. 7–24; Dorst, Brigitte: Therapeutischer Umgang mit Schicksal- und Sinnfragen. Zum Verhältnis von Psychotherapie und Spiritualität. In: Christiane Neuen / Ingrid Riedel / Hans-Georg Wiedemann (Hg.): Freiheit und Schicksal. Vom therapeutischen Umgang mit Zeit- und Lebensgeschichte. Patmos, Düsseldorf 2008, S. 11–35.

Kapitel 6: Liebe – die heilende Kraft in der therapeutischen Beziehung
Dieses Kapitel enthält überarbeitete Passagen aus: Dorst, Brigitte: »Das Geheimnis des Lebens ist zwischen Zweien verborgen« (C. G. Jung). Der therapeutische Eros und die heilende Kraft der Liebe. In: dies. / Christiane Neuen / Wolfgang Teichert (Hg.): Liebe – die transformierende Kraft in Beziehungen und Gesellschaft. Patmos, Ostfildern 2014, S. 47–70.

Kapitel 7: Wege der Weisheit
Dieses Kapitel enthält überarbeitete Passagen aus: Dorst, Brigitte: Altern als Lebenskrise- und Reifungschancen. In: dies. / Christiane Neuen / Wolfgang Teichert (Hg.): Übergänge – Krisen – Visionen. Patmos, Düsseldorf 2011, S. 31–50; Dorst, Brigitte: Alles beginnt mit Sehnsucht und Suche. Herzensbildung auf dem Sufi-Weg. Patmos, Ostfildern 2018.